Silvia Widmann

Die Arcturianer
Ein Sternenvolk

Erlebnisse und Erfahrungen
aus zwei Jahren
arcturianischer Lichtarbeit

Silvia Widmann

Die Arcturianer
Ein Sternenvolk

Erlebnisse und Erfahrungen
aus zwei Jahren
arcturianischer Lichtarbeit

© 2007 Silvia Widmann, A-2340 Mödling
Mail: s.widmann@gmx.at

Herstellung und Verlag:
Books on Demand GmbH, D-22848 Norderstedt

Umschlagbild:
Klaus Hochkogler
hochkogler@toskanahaus.at

ISBN: 978-3-8370-0433-5

Inhaltsverzeichnis

Einleitung _____ 7
Die Arcturianer _____ 9
   Erscheinungsbild _____ 11
   Aufgabe und Wirken _____ 13
   Lord Arcturus _____ 14
Die Raumstation _____ 17
   Ein-Blick in die Raumstation _____ 20
   Wie gelangt man hin? _____ 22
   Wer arbeitet dort? _____ 25
   Was wird getan? _____ 28
   Behandlungsräume in der Raumstation _____ 30
   Forschungsabteilung _____ 35
Arcturus _____ 37
   Der Himmelskörper _____ 37
   Kristallenergie _____ 39
   Lebensbedingungen und Lebensraum _____ 40
   Landschaft _____ 44
   Öffentliche Gebäude _____ 48
   Regierung _____ 49
   Die Alten _____ 52
   Partnerschaft, Sexualität und Kinder _____ 55
   Kinderhäuser _____ 59
   Arbeit und Aufgaben im Universum _____ 61

Praktischer Teil   **69**

Was geschieht bei arcturianischen Lichtbehandlungen?   69

Stufen und Art der Behandlung   71

Emotionen und Glaubenssätze   85

Kristallanhebung   88

Ziel der Behandlung   89

Reaktionen - Was spürt man?   92

Arcturianische Behandlungsmethoden   93

Emotionen und Glaubenssätze   97

   Nicht entscheiden können   100

   Abgrenzung   102

   Nörgeln   105

   Verlust   107

   Unsicherheit   109

   Machtlos, mütterliche Liebe, unzufrieden   112

   Erniedrigung durch Andere   115

   Nicht mit einem Anderen in Konkurrenz gehen   123

   Trauer   128

Kristallbehandlung/Anhebung   138

Erlebnisse und Erfahrungen   145

Danksagung   **157**

Einleitung

Wie ist dieses Buch entstanden?

Durch eine Knieverletzung, die einfach nicht besser werden wollte, war ich bereit jede Art von alternativer Behandlung zu versuchen. Eine Freundin empfahl mir Ruth Panrock, die mit arcturianischer Lichtenergie arbeitete. Nach genauerem Nachfragen war ich mir gar nicht mehr so sicher, ob ich mir diese Art von Behandlung von so genannten Außerirdischen wirklich wünschte, aber die Beschreibung des Gefühles und Zustandes nach der Therapiestunde überzeugte mich vollkommen.

Also die erste Sitzung war gekommen, und ich hatte ein etwas flaues Gefühl in der Magengegend, und ich muss gestehen, sofort nach Beginn der etwa einstündigen Behandlung verwandelte sich mein anfängliches Misstrauen in absolute Sicherheit, den richtigen Weg gefunden zu haben. Mir wurde klar, dass die Arbeit am Energiekörper ein wertvoller Zugang war, um Defekte am physischen Körper in den Griff zu bekommen.

Gleich bei meiner ersten Therapiestunde durfte ich in Kontakt mit den Arcturianern treten. Ich war selbst total überrascht, als ich mich, nachdem ich die Augen am Behandlungstisch geschlossen hatte, auf der Brücke einer Raumstation wieder fand. Die fremdartig aussehenden Wesenheiten hatten zwar eine sehr beruhigende Ausstrahlung, aber als sie mich mit „Hallo Schwester" begrüßten, reagierte ich doch etwas vor den Kopf gestoßen. Kurz widersprach ich und verhielt mich sehr ablehnend, war aber bald so damit beschäftigt, die vielen Eindrücke aufzunehmen, dass ich gar nicht weiter darüber nachdenken konnte.

Mit diesem Buch möchte ich nun die Informationen vermitteln, wie die Arcturianer an unserem feinstofflichen Körper arbeiten, sofern man sich vertrauensvoll an sie wendet, um Heilung zu erfahren.

Hier jetzt die zusammengefassten Erlebnisse, Informationen und Erkenntnisse, die ich in den letzten Jahren gemeinsam mit diesen liebevollen Brüdern und Schwestern aus der 5. Dimension sammeln durfte.

Ich hoffe es reicht aus um vielen die dieses Buch lesen, das Vertrauen zu geben, sich auf eine solche Art von Behandlung einzulassen, oder als begleitende Lektüre bei dieser zu verwenden.

Die Arcturianer

Lieber Leser!

Du hältst hier ein Buch in deinen Händen, das dir Informationen über eine Lichtbehandlung geben soll, die von Sternengeborenen angeboten wird. Viele haben von diesen Wesenheiten noch nie gehört und können sich daher auch nicht wirklich vorstellen, mit wem sie es zu tun haben. Vielleicht kommt ein etwas mulmiges Gefühl hoch, wenn einem klar wird, wer an einem arbeitet. Dieses Buch soll nun Unterstützung leisten, um diese Angst zum Verschwinden zu bringen.

Die Arcturianer sind christliche Außerirdische, die bereits vor langer Zeit den Aufstieg in die 5. Dimension, vollzogen haben.

Diese Zivilisation, unter der Schirmherrschaft von Lord Arcturus, ist auf Gott ausgerichtet und realisiert und lebt die Liebe, sowohl in allen Facetten ihres täglichen Lebens, als auch im Umgang mit ihren Mitbrüdern und Schwestern, quer durch die Galaxie. Für sie ist Liebe Grundphilosophie und schließt alle Formen der Negativität aus, daher sind Angst, Schuld und trennende Gedanken nicht mehr in ihrem Bewusstsein verankert.

Sie unterstützen und fördern die Entwicklung dieses Bewusstseins, in jeder Lebensform dieses Universums.

Sie arbeiten dabei eng mit den aufgestiegenen Meistern und Engelwesen zusammen.

Kraft, Wille, Schutz und Glaube sind Attribute die alle Mitarbeiter des ersten göttlichen, oder blauen Strahles auszeichnen.

Daher liegt es nahe, dass auch die Arcturianer Teil dieser Arbeitsgemeinschaft sind. Gemeinsam mit dem Lenker des Strahls El Morya, Mitarbeitern wie Erzengel Michael, unzähligen Meistern und Engelwesen, unterstützen sie mit der reinigenden Kraft des blauen Lichtes unsere Befreiungsprozesse, um uns den Weg ins Licht sichtbar zu machen und so auch zu erleichtern.

In der 5. Dimension spielt Zeit und Raum keine Rolle mehr, der Lichtkörper wird bereits zu Lebenszeiten genützt und aus dem folgend steht die Fähigkeit des Kreierens und Manifestierens jederzeit zur Verfügung. Auch Probleme, die uns aus zwischenmenschlichen Beziehungen, egal welcher Art, bekannt sind, belasten sie nicht mehr, da sie Teil der Dualität und somit in der 3. und 4. Dimension zu finden sind.

Erscheinungsbild

Bereits das Erscheinungsbild der Arcturianer ist besonders, schon deshalb, da sie alle gleich aussehen. Unterschiede von Männern und Frauen sind nur in der Körpergröße zu finden.

Sie sind groß gewachsen und sehr schlank. Ihre langen, weich fallenden weißblonden Haare umrahmen sehr feine Gesichtszüge mit überdurchschnittlich großen, sanft blickenden braunen Augen. Ihre Bekleidung ist zweckmäßig und sehr einfach.

Ein blauer zweiteiliger Anzug, bestehend aus einer Hose und einem jackenähnlichen Oberteil, zu dem manches Mal ein Umhang getragen wird, der in verschiedenen Blau- und Weißtönen schillert. Für die Arbeit auf der Raumstation wird meistens weiße Kleidung bevorzugt.

Jede Farbe, die in den Behandlungsräumen zusätzlich vorhanden ist, tritt in Interferenz mit den Schwingungen, die für die Arbeit am Menschen gebraucht werden, daher wählen sie für diese Situationen ein weißes Material, das eigentlich mit dem Farbton weiß, wie wir ihn kennen nicht viel gemeinsam hat. Es ist eine Farbschwingung, die alle Farben des Spektrums enthält und eigentlich nur für unser ungeübtes Auge weiß erscheint, aber eigentlich durchsichtig ist.

Die Kleidung für männliche und weibliche Arcturianer ist gleich. Auch dies ist Folge des Lebens nach dem Aufstieg. Mode oder modisches Aussehen an sich hat keine Wichtigkeit mehr. Durch fehlendes Konkurrenzdenken - man hat sich bereits als gleich erkannt - ist es nicht mehr nötig, verschiedene Ausdrucksarten seines Selbsts zu schaffen, sondern anerkennt jeden als anderen Aspekt Gottes.

Aufgabe und Wirken

Die Verbindung mit unserer Erde halten die Arcturianer nun bereits seit 150.000 Jahren. Oft traten sie selbst in einen Inkarnationszyklus oder übernahmen verschiedene Betreuungsaufgaben auf unserem Planeten.

Seit nunmehr 20.000 Jahren haben sie sich zur Aufgabe gesetzt, uns friedlich in unserer Entwicklung zu begleiten und auch aktiv zu unterstützen.

Dabei ist zu beachten, dass sie nie unseren freien Willen außer Kraft setzen oder beeinflussen. Es geschieht immer mit unserer Zustimmung und Bereitschaft.

Sie selbst haben ihre Liebesfähigkeit sehr weit entwickelt, daher auch die Bezeichnung christliche Außerirdische, und für sie ist es selbstverständlich, diesen Fluss der Liebe, der direkt von der göttlichen Quelle kommt, aufrecht zu erhalten. Daher sind sie im gesamten Universum sehr hoch geschätzt. Ihr Aufgabenbereich bezieht sich daher nicht nur auf die Erde, sondern sie arbeiten an vielen Projekten quer durch den Raum. Immer mit dem Grundthema, den Wesen diese Schwingung der reinen Liebe nahe zu bringen und zu ermöglichen, und so das Tor in die nächste Dimension zu öffnen.

Lord Arcturus

Lord Arcturus zählt zu den aufgestiegenen Meistern.

Als ein Meister der hohen Ebenen hat er das Rad der Wiedergeburt bereits hinter sich gelassen und ist nun nicht mehr im arcturianischen Lebenskreislauf verankert. Trotzdem kann er mit seinen Mitbrüdern und Schwestern aktiv zusammenarbeiten, anders als die uns bekannten aufgestiegenen Meister, die für uns nicht sichtbar sind, da die Arcturianer selbst schon in einer höheren Dimension existieren.

Er stammt aus ihrer Mitte und ist Begleiter, Wegweiser und Unterstützer der arcturianischen Vorgangsweisen, um bei den verschiedenen Behandlungsmethoden den Lichtkörperprozess schneller fortschreiten zu lassen.

Sein Aufgabenbereich unterscheidet sich nur gering von dem seiner Mitbrüder und Schwestern. Sein Platz ist im Moment sehr oft auf der Raumstation, wo man ihn in den verschieden Arbeitsbereichen antreffen kann, wie zum Beispiel der Forschungsabteilung, wo an der Verbreitung der arcturianischen Arbeitsmethoden gearbeitet wird. Darunter fällt auch die Auswahl von Kanälen, die bereit sind, das Wissen auf der Erde weiter zu tragen, diese vor allem in ihrer Öffnung zu unterstützen, denn die Zustimmung gab man bereits bevor man in dieses Leben kam. Diese Seelen, die sich zu dieser Aufgabe bereit erklären, haben bereits eine Verbindung zu Arcturus. Entweder gab es bereits frühere Inkarnationen auf diesem Planeten oder man war bereits an Forschungsarbeiten beteiligt. Dadurch stellt man sich als Kanal zur Verfügung, die Energie ist vertraut und man fühlt sich irgendwie zu Hause. Die oft schwierige Aufgabe für die Arcturianer ist es, den Kanal auch als solchen zu aktivieren. Wie entwickelt sich das Leben, wo steht er in seiner Bewusstwerdung, wie weit ist seine Bereitschaft zur Öffnung fortgeschritten. Der erste Schritt und die persönliche Bereitschaft müssen immer, aufgrund des freien Willens, vom Menschen selbst kommen. Erst dann dürfen die arcturianischen Freunde in Aktion treten und die weiteren Schritte begleiten.

Diese Erweckungsarbeiten fallen in den Aufgabenbereich der aufgestiegenen Meister, und daher sind an diesem Prozess auch viele von ihnen aktiv beteiligt.

Daraus erkennt man den Stellenwert dieser Arbeiten. Das Anliegen, die Erde in ihrem Aufstieg zu unterstützen, ist ein sehr großes, da die Folgewirkung im gesamten Kosmos unermesslich ist.

Es führt durch das Ansteigen der Energie auch in vielen anderen Systemen zu einer Energieanhebung und somit zu einer schnelleren Entwicklung zum Licht.

Lord Arcturus ist, als ein sehr tatkräftiges Mitglied der intergalaktischen Föderation und des Ashtar Kommandos, intensiv damit beschäftigt, die unterschiedlichsten Gruppen und Lebenssysteme, die Teil unseres Universums sind, auf sehr liebevoll strukturierte Art zu vereinen. So hat er als Mitglied der weißen Bruderschaft die verantwortungsvolle Aufgabe, diese außerirdischen Vereinigungen im Rat der Meister zu vertreten.

Die Raumstation

Jeder von uns Menschen war sicher schon einmal in der Situation, mit dem Thema eines Raumschiffes oder einer Raumstation konfrontiert zu sein. Vielleicht war es durch bekannte Filme wie Star Wars oder Raumschiff Enterprise, oder beim Lesen von Fantasy-Literatur. Immer wurden wir durch Galaxien geführt, es wurde uns gezeigt, dass es immer Eindringlinge von Außen, oder andersartige Kreaturen gab, die uns Böses wollten, und gegen die es zu kämpfen galt.

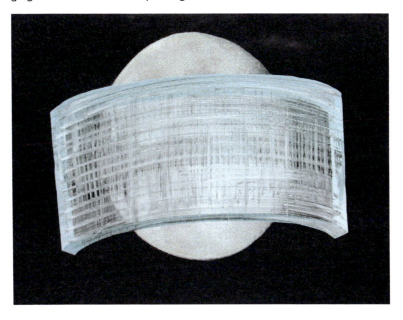

Im Prinzip waren die Ideen, die im Film festgehalten wurden, immer mit einem großen Anteil an Wahrheit behaftet. Jeder der sich an die Produktion dieser Werke machte, war in unbewusster oder bewusster Weise beeinflusst. Auch sie dienten in gewisser Weise als Kanäle, die uns unter anderem bereits elektronische Geräte präsentierten, die damals utopisch schienen, aber heute bereits Wirklichkeit geworden sind, und zum Teil zu unseren täglichen Gebrauchsgegenständen zählen.

Nun, die Raumstation der Arcturianer fällt in eine neue Kategorie.

Sie ist nicht ein kleines flinkes Gefährt, das zur Erforschung der Universen dient, sondern ist fix zwischen Mond und Erde platziert und bewegt sich immer mit dem Mond. Die Dimensionen dieser Station sind für unseren menschlichen Verstand kaum vorstellbar. Sie ist beinahe halb so groß wie der Mond selbst, und ihr Grundriss ist sichelförmig.

Von unten nach oben gesehen erkennt man tausende von Stockwerken. Sie besteht aus einem außerirdischen, bläulich glänzenden Material, das wie ein Spiegel wirkt. Trotz der Nähe und Größe dieses Schiffes ist es für unsere irdischen Augen nicht erkennbar. Der Grund ist eine unterschiedliche Schwingungsfrequenz auf der Erde. In der Entwicklung der nächsten Jahre wird es aber immer mehr Menschen möglich sein, höhere Schwingungen zu erreichen und daher wird diese Station auch erkennbar werden.

Dieses Riesengebilde ist längs zumindest viermal geteilt, und in jedem Abschnitt befindet sich an der Unterseite etwas, dass einer Landebrücke oder Rampe ähnlich ist.

Diese Teilung besteht, da auf dieser Raumstation nicht nur Arcturianer arbeiten, sondern sie auch die Basis. für andere Sternenwesen ist.

Alle, die hier leben, wirken, haben die 4. Dimension bereits hinter sich gelassen und es sich nun zur Aufgabe gemacht, die Menschen auf der Erde liebevoll zu unterstützen, und sie auf ihrem Weg zu begleiten. Sie zählen zu den so genannten christlichen Außerirdischen, was gleichbedeutend ist mit hoch entwickelten, Gott und der Liebe dienenden Sternenwesen.

Der arcturianische Bereich befindet sich am rechten Ende der Raumstation.

Ein-Blick in die Raumstation

Bei meiner allerersten Behandlung *landete* ich offensichtlich auf der „Kommandobrücke". Damals befand ich mich in einem ovalen großen Raum, der an den Außenwänden durchgehend durchsichtig war, wie eine Fensterzeile. Durch diese Scheiben sah ich eine hell beleuchtete steinige Kraterlandschaft. Es herrschte absolute Ruhe, die nur durch ein ganz gleichmäßiges Summen und eine leichte Vibration unterbrochen war. Dieses Summen schien von den elektronischen Geräten auszugehen, die als solche durch das Leuchten von vielen verschiedenen Knöpfen zu erkennen waren.

Für mich war dieses Erlebnis damals sehr überraschend und neu. Daher nahm ich auch nicht sofort all die Wesenheiten wahr, die an den Geräten und im Raum an sich beschäftigt waren.

Später erfuhr ich aber, dass dieses Surren zum größten Teil durch die Kommunikation der Arcturianer ausgelöst wurde, die an sich nur über Gedanken – telepathisch - abläuft.

Im Prinzip verbringen diese liebevollen Wesen fast ihr ganzes Leben auf dieser Raumstation. Somit benötigen sie auch Plätze zum Regenerieren und Erholen, ihren persönlichen Lebensraum sozusagen. Dieser befindet sich in den hinteren Bereichen und mündet fast im gesamten oberen Teil in einer Landschaft die wirkt als wäre sie mit einer Glaskuppel überdeckt.

Man findet hier eine weich verlaufende grüne Hügellandschaft, die mit einem Licht dem keine direkte

Quelle zuzuordnen ist, ausgeleuchtet wird. Auch verschiedensten Pflanzen und Tieren wird genügend Platz geboten.

In diesem wunderschönen Gebiet finden sie ausreichend, nach ihren Wünschen und Bedürfnissen selbst kreierte, Rückzugs- und Lebensräume. Es gibt dort Wasserfälle genauso wie Seen, Berge und Gärten, es wird der persönliche Wunsch jedes Einzelnen, erfüllt. Unzählige Tiere, die in absoluter Harmonie miteinander leben, sind zu erkennen. Sie alle haben bereits das Rad der Reinkarnation verlassen und sind hier nun als ein buntes Sammelsurium, von tierischen Wesenheiten quer aus der Galaxis, friedlich und in Harmonie vereint.

Zustände wie Sonnenschein, Regen und andere Naturerscheinungen schafft sich der Einzelne nur nach Bedarf.

Die Ruheräume sind immer persönlich gestaltet. Es gibt auch unzählige Gemeinschaftsräume, wo sie viel Zeit miteinander im Austausch verbringen können.

Das Klima in der Raumstation wird zentral geregelt. Eben von dieser zuvor beschriebenen Brücke wird die bestmögliche Atmosphäre sowohl für die Arcturianer selbst als auch für alle Besucher geschaffen. Dies scheint sehr gut zu gelingen, wenn man bedenkt, dass für jeden einzelnen *außerarcturianischen* Gast eigene spezielle Bedingungen benötigt werden.

Wie gelangt man hin?

Es gibt viele verschiedene Möglichkeiten, auf diese Raumstation zu gelangen. Die einzige Voraussetzung ist der Gebrauch des feinstofflichen- oder Ätherkörpers.

Bei einer arcturianischen Lichtbehandlung ist es immer die erste Aufgabe des Therapeuten, die Verbindung auf der irdischen Ebene herzustellen.

In diesem Moment stehen die beiden für diesen Menschen verantwortlichen Arcturianer links und rechts vom liegenden Körper und heben den feinstofflichen Anteil richtig heraus. Sie bringen ihn zwischen sich schwebend auf die Raumstation und weiter durch die Empfangshalle zu den Behandlungsräumen. Die Verantwortung und Überwachung obliegt vollkommen den beiden Betreuern.

Das alles kann von der irdischen Ebene unterstützt werden, indem man sein irdisches Bewusstsein ganz nach innen richtet und eine Verbindung zu seinem Höheren Selbst herstellt. So hat man dann auch die Möglichkeit, selbst sehen und in Kontakt treten zu lernen. Aber man sollte sich dabei immer in Geduld üben, da oft noch unzählige alte Blockaden diesen Zugang versperren. Ist man jedoch erfolgreich, hat man die Möglichkeit, in diesem entspannten Zustand in Kontakt mit den wunderbaren Sternenwesen zu treten und Fragen zu stellen, die gerne und bereitwillig beantwortet werden. Wichtig ist es nur, genau auf die Gedanken zu achten und vielleicht auch Stimmen im Kopf wahrzunehmen, da dies bereits Versuche sind, zu kommunizieren.

Eine andere Möglichkeit bietet die Meditation. Hier reicht es, darum zu bitten, auf die Raumstation gebracht zu werden. Im Prinzip kann man den nun auftauchenden Bildern Glauben schenken, und sie auch weiterverfolgen. Es werden hier immer freundliche Begleiter zur Seite gestellt, die dann ausführlichere Erklärungen abgeben.

Die dritte und einfachste Möglichkeit ist die Reise während des Schlafes. Die meisten, die mit der arcturianischen Arbeit in Kontakt kommen, haben bereits in vielen vorangegangenen Nächten Vorarbeit geleistet. Dazu muss man wissen, dass wir im Schlaf unseren fleischlichen Körper verlassen und mit dem Ätherkörper auf Reisen gehen.

Diese werden sehr oft zur Weiterbildung, Besprechungen mit Geistführern und auch für lichtvolle Behandlungen genutzt. Es werden die verschiedensten Themen bearbeitet. Orte die uns an irdische Schulen erinnern würden, werden aufgesucht, um uns auf den spirituellen Pfad vorzubereiten, und unter anderem nützt man die Zeit auch für Besichtigungen oder Besuche in solchen Heilungsstätten.

Daher ist man bereits mit den dort angewandten Methoden vertraut und man muss im irdischen Dasein nur noch hingeführt werden.

Somit ist klar erkennbar, dass jeder die Entscheidung für sich trifft, und es niemals dem Zufall zuzuschreiben ist, wann die Entscheidung zu solch einer außergewöhnlichen Behandlung getroffen wird.

In vielen Fällen reicht es zu Beginn schon aus oder unterstützt zumindest die laufende Behandlung, wenn wir vor dem Einschlafen um Heilung für gewisse Bereiche im Körper bitten. Selbst die Therapeutin wird öfters zu dieser Hilfe greifen, um in *Heimarbeit* Heilung geschehen zu lassen.

Diese nächtlichen Sitzungen ersetzen aber nie den Gang zur irdischen Behandlung, da die Arbeit, die am physischen Körper vollzogen wird, den Zweck der Verankerung hat. Auf der Raumstation werden zwar alle Reinigungs- und Heilungsarbeiten durchgeführt, aber immer nur im feinstofflichen Körper. Trotzdem bedeutet es, dass man Erleichterung verspüren kann und Heilung geschieht.

Unser Aurakörper hat eine Ausdehnung, die weit über einen Meter reichen kann. Hier haben sich Gedanken, Gefühle, Glaubensmuster und Emotionen aus vielen Jahrhunderten, in Form von Energieverdichtungen festgesetzt. Bei der reinigenden Behandlung werden diese Stück für Stück entfernt, und die Wirkungsweise macht sich auch im physischen Körper bald bemerkbar. Im Falle der Unterstützung durch einen menschlichen Therapeuten wird die Veränderung gleich im hier und jetzt verankert und wie festgehakt. In der Woche, die zwischen den Behandlungen liegt, kann sich der neue Zustand gut festigen.

Wichtig zu wissen ist, dass wir jederzeit in der Raumstation willkommen sind. Jeder Einzelne der sich im bewussten Zustand entscheidet diesen Weg zu gehen bewirkt viel, da er nach der Behandlung neue gereinigte Energien mitbringt, die auch seiner Umwelt zugute kommen.

Wer arbeitet dort?

Vorwiegend Arcturianer, die sich zu diesem Weg entschieden haben. Oft haben sie persönliche Verbindungen zu unserem Planeten, sowohl zu den Menschen als auch der Tier- oder Pflanzenwelt.

Möglicherweise waren sie auch selbst schon auf der Erde inkarniert und haben die Aufgabe übernommen, ihre Erkenntnisse in die Arbeit einzubringen. Der junge Arcturianer, der auf Arcturus wiedergeboren wird, hat in dem Moment, wo er bereit ist, seinen Lebensweg zu wählen, verschiedene Möglichkeiten.

Der Weg steht ihm vollkommen offen und die Möglichkeiten sind sehr vielfältig. Er trifft die Wahl des Ortes, sei es ein Planet oder die Raumstation, und dann spezialisiert er sich für eine Berufssparte. Um es mit menschlichen Begriffen auszudrücken: es gibt Ärzte, Wissenschaftler Techniker, die sich aber immer für eine Existenzform entscheiden. So ist ein ausgebildeter Forscher für Menschenwesen nie im Bereich Tiere oder Pflanzen aktiv. Es gibt natürlich Treffen, wo verschiedenste Erfahrungen ausgetauscht werden, aber die Spezialisierung bleibt immer gleich. Da in vielen Bereichen des Universums der Aufstieg in andere Dimensionen bevorsteht, gibt es unzählige Orte und Planeten, die Hilfe und Unterstützung dieser besonderen Sterngeborenen gerne in Anspruch nehmen.

Immer aber ist diese große Liebe und Hingabe zu erkennen, die ihre persönliche Arbeit unterstützt.

Die vorangegangene Beschreibung ihrer Entwicklung zeigt auch, dass das Leben der Arcturianer von Beginn auf Eigenverantwortung aufgebaut ist. Jeder Einzelne hat das Bestreben sein Bestes zu geben, ohne mit seinen Mitbrüdern und Schwestern in Konkurrenz zu gehen. Daher wird immer und überall die Unterstützung von weiter Fortgeschrittenen zuteil, und daher gibt es keine Unachtsamkeiten und Fehler, die sich aus Angst vor Bewertung einschleichen.

Somit ist auch verständlich, warum es keine Hierarchie in unserem menschlichen Sinne, gibt. Niemand braucht Kontrolle über den Anderen, da jeder eigenverantwortlich seine Überwachung übernimmt. Der erfahrenere Begleiter führt den Jüngeren zu immer mehr Verantwortung, in die er langsam hineinwächst. Jeder kann für sich entscheiden, wo er sich richtig fühlt und bekommt auch immer die Chance zu seiner Entwicklung. Es gibt niemanden, der die Bezeichnung höhergestellt oder vorgesetzt für sich beansprucht. Selbst Lord Arcturus, der aufgestiegene Meister, ist überall und bei jeder Arbeit zu finden. Er steht jederzeit als Ansprechpartner zur Verfügung und wird mit den jüngsten Mitarbeitern genauso angetroffen, wie mit seinesgleichen. Daher sollte sich niemand scheuen, seine Bitten, sowohl in der Meditation als auch bei der Behandlung, direkt an ihn zu richten. Er wird immer zur Verfügung stehen und alle auftretenden Fragen beantworten.

Auf der Raumstation kann man auch Wesenheiten antreffen, die im Moment selbst auf der Erde inkarniert sind. Für sie gibt es einen eigenen Bereich, wo sie für ihre irdischen Mitbrüder und Schwestern Behandlungen anbieten, die zur Vorbereitung für die arcturianische Lichtarbeit verwendet werden.

Es sind meist inkarnierte, arcturianische Seelen, die hier ihre Arbeit leisten. Meist haben sie sich vor langer Zeit in den irdischen Reinkarnationszyklus eingefügt, den jeder, der sich für ein Erdenleben entscheidet, gehen muss. Im Prinzip war es für sie ein Rückschritt, aber mit der Überzeugung, ihren Dienst für die Menschen anzubieten, nahmen sie es in Kauf. Nun ist auch ihre Zeit des Erwachens gekommen und sie sind diejenigen, die diese Energie wieder erkennen. Daher sind die meisten, die arcturianische Lichtarbeit auf der Erde verbreiten, als solche Mitarbeiter zu erkennen. Oft ist es ihnen im irdischen Leben selbst gar nicht bewusst, da verschiedene Blockaden und Kontrollmechanismen das verhindern, aber ihre Hingabe und Liebe zur Arbeit hat ihre Wurzeln auf dem Planeten Arcturus. Sie wirken auf der Erde als Leuchttürme, die viele Menschen anziehen und sie auf der bewussten Ebene in Verbindung mit dieser Energie bringen.

Was wird getan?

Auf dem arcturianischen Teil der Raumstation wird an der Lichtwerdung und dem Aufstieg der verschiedenen Wesenheiten der Erde unterstützend gearbeitet. Das Ziel ist es, durch die Reinigung der Energiekörper und des gesamten feinstofflichen Körpers die Schwingung durch höhere Lichtdurchlässigkeit zu erhöhen, damit der Aufstieg in die 5. Dimension beschleunigt und ermöglicht wird. All die Arbeit wird auf sehr liebevolle Art und Weise gemacht, es wird immer Rücksicht auf das Gefühl und das Wesen des Menschen genommen und es wird in keinem Fall in sein persönliches oder Familienkarma eingegriffen- es gibt auf der Raumstation einen Bereich, wo speziell mit Menschenwesen gearbeitet wird, aber es sind genauso Bereiche für Pflanzen-, Tier- und Mineralienwesen.

Diese 4 Bereiche werden aber voneinander getrennt geführt, da es für jede Gruppe Spezialisten gibt, die sich mit der jeweiligen Gruppenseele auseinandersetzen.

Die Arbeitsweise ist immer auf die einzelnen Wesen entsprechend ihrer Zugehörigkeit abgestimmt.

Ebenso finden Zusammenkünfte der intergalaktischen Föderation statt. Es laufen unterschiedlichste Forschungsprojekte, die Unterstützung aus allen Teilen des Universums erhalten. Meistens handelt es sich bei diesen Forschungen um Themen, die den Menschen betreffen, wie etwa Möglichkeiten sie bei der Lichtwerdung zu unterstützen. Das alles ohne den Planeten übergebührend einzubeziehen, denn große Umwälzungen und Veränderungen haben meist

Naturkatastrophen und Turbulenzen zufolge, die sehr große Schäden und Verluste verursachen. Da es schon andere Möglichkeiten gibt, um Karma abzubauen, sieht man Massensterben nicht mehr unbedingt als einzige Lösung.

Die Energiearbeit, die auf der Raumstation geleistet wird, hat großen Einfluss auf verschiedenste Bereiche unseres Planeten und es ist sehr schön zu wissen, dass man das Vertrauen in uns Menschen setzt, diesen Weg auch erfolgreich zu beschließen.

Behandlungsräume in der Raumstation

Der Bereich der Raumstation wo wir Menschen in der Energieform unseres Seins hingebracht werden, ist im rechten äußeren Teil platziert. Hier befinden sich die verschieden angelegten Behandlungsräume, die uns abhängig von unserer Lichtwerdung zur Verfügung stehen.

Von einem großen nach oben offenen runden Raum, in dem sich die zentrale Steuerung befindet erkennt man unzählige Stockwerke. Hier arbeiten die Verantwortlichen für die Steuerung der diversen Energien in den einzelnen Räumen

In der Mitte führt eine durchsichtige Säule in der sich ununterbrochen Farben zeigen, bis ganz hinauf zur hellen Decke. Irgendwie scheint von dort Licht einzufallen.

Die Eingänge sind von herunten gut zu erkennen, da sie im nicht benützten Zustand offen sind, und die verschiedenen Farben und Lichtqualitäten der Räume erkennbar sind. Links sind die Räume angeordnet die für den 1. Monatszyklus verwendet werden, rechts und mittig, man erkennt es an den wunderschönen Farbschattierungen die durch die Eingangsöffnungen strahlen, die für Glaubenssätze und Emotionen, und ganz oben dann der Bereich für die Kristallbehandlungen.

Die Behandlungsräume für die ersten Sitzungen ähneln einem Großraumbüro, einer Halle oder einfach einem Riesensaal.

Gleich beim Eingang befindet sich eine Zentrale, die für die detaillierteren Abstimmungen zuständig ist. In regelmäßigen Abständen sieht man in Doppelreihen Behandlungstische, die aber nicht aus einem festen irdischen Material sind, sondern durchsichtig glänzende Energieansammlungen sind, die sich abhängig von der Behandlung in Form und Lage verändern.

In dem Augenblick, wo eine dieser Liegen besetzt ist, bildet sich wie eine Glaskugel oder Energieblase rundherum, die jegliche Störung von Außen abschirmt.

Daher ist der Eindruck überwältigend. Die unzähligen Betten sind alle belegt, und helles verschiedenfärbiges Licht strahlt überallher. Bei jedem einzelnen Besucher steht rechts und links ein Arcturianer. Sie sind seine persönlichen Begleiter für die Dauer seiner Lichtbehandlungen und somit auch bestens informierte Ansprechpartner für beide Seiten. Auch für mich waren sie in der ersten Zeit wunderbare Führer. Sie gaben mir meist sehr detaillierte Erklärungen zu meinen vielen Fragen, und verhalfen mir so zu meinen ersten Eindrücken.

Sie sind deshalb zu zweit, weil einer der beiden immer der weiter Fortgeschrittene und Erfahrene ist, und der Andere erst am Begin seines Lernweges steht. Durch dieses dabei Sein und Mitmachen gehen sie in ihrer Ausbildung Schritt für Schritt gemeinsam weiter. Erst wenn sich der Schüler selbst bereit fühlt größere Aufgaben zu übernehmen, setzt er seinen Entwicklungsweg fort, indem er sich in dem für ihn interessanten Bereich eine neue "Lehrstelle" sucht. Daher ist immer sichergestellt, dass der aus zu bildende Arcturianer den für ihn richtigen Weg geht und seiner wahren Berufung nachgehen kann.

Die Räume für die fortgeschrittenen Behandlungen, also nach dem abgeschlossenen 10 Monatszyklus sehen etwas anders aus.

Hier handelt es sich um abgeschlossene Zimmer oder Abteile, die eine bestimmte Farbe haben und das Innere einer Kristalldruse ähnlich ist. Es sind unzählige verschiedene Spitzen die von allen Wänden ragen, die durch ihre unterschiedlichen Ausrichtungen auch das Licht immer auf andere Art und Weise bündeln und abstrahlen.

Bei all den bisher beschriebenen Räumlichkeiten befinden sich auch Rückzugsorte für die behandelnden Arcturianer. Diese sind meist an den Seitenwänden oder zwischen den einzelnen Räumen platziert. Hier besteht jederzeit die Möglichkeit des Austausches oder der Erholung. Dieses ist auch für den arcturianischen Schüler von großer Hilfe und Wichtigkeit, da er hier sehr viele Details und Informationen bekommt, die ihn auf seinem Lernweg dienlich sind. Dies kann man fast mit einem Schulungsraum vergleichen - die unterschiedlichsten Zugänge und Erfahrungen können hier ausgetauscht werden und vergrößern oft nicht nur den Einblick des Schülers. Hier ist klar erkennbar, dass Schulungen im uns bekannten Stil nicht nötig sind, da man einfach bei der Aufgabe begleitet wird.

Die Kristallanhebungsräume findet man dann ganz oben. Sie wirken abgeschottet und grenzen auch immer irgendwie an Außenwände des Schiffes, da die Energie die bei diesen Behandlungen frei wird sonst die anderen Arbeiten beeinflussen und stören würde. In diesen Räumen, die den ägyptischen Pyramiden sehr ähnlich sind, wird sehr viel kosmische, sehr viel Lichtenergie gebraucht, die in der Mitte gebündelt und danach wieder durch die obere Spitze nach außen abgegeben werden muss. Auch hier bestimmt die Unterschiedlichkeit der Behandlung, die Größe und Farbe des Raumes, denn auch bei Kristallanhebungen gibt es viele Stufen, die es zu durchwandern gilt.

Bei diesen Behandlungen sind immer mehrere Arcturianer anwesend, und ab einer gewissen Stufe ist auch Lord Arcturus im Raum, um die Behandlung zu führen und zu begleiten.

Forschungsabteilung

Die wissenschaftliche Abteilung hat auf der Raumstation eine wichtige Funktion.

Es gibt Bereiche und Räume, wo Arcturianer, die ihre Erfahrungen bereits in verschiedenen Dimensionen und auf anderen Planeten gesammelt haben, tätig sind. Ihre Aufgabe ist es nun, ihr gesammeltes Wissen für uns Erdenbewohner umzusetzen und bereitzustellen.

Es ist bei all der wunderbaren Arbeit, die sie für uns leisten, nie zu vergessen, dass auch für sie selbst ein großer Lern- und Entwicklungsprozess dahinter steckt.

Wir hier auf dem Planeten, dessen Grundthema die Liebe ist, haben schon einen langen Weg hinter uns. Wir sind voll mit Glaubenssätzen, Emotionen und Konditionierungen, die einmalig sind. Daher ist es nicht verwunderlich, dass Behandlungen und Arbeiten, mit Rücksichtnahme auf unsere Gefühle, Motivationen und Stimmungen, von den Arcturianern erst erarbeitet werden müssen.

Jede Sache, die es im Universum zu entdecken gibt, ist errechenbar, daher liegt es nahe, dass ähnliches mit unseren Gefühlen geschieht. Für uns Menschen ist es schwer vorstellbar, aber dennoch ist solch eine Formel ein Gefüge, das von jedem höher entwickelten Wesen verstanden und umgesetzt werden kann.

Daher liegt es an der Forschungsabteilung, Erkenntnisse zu gewinnen, damit zu arbeiten und die erfolgreiche Anwendung möglich zu machen.

Ihre Verbindungen zu den höheren Ebenen, die bereits viel klarer und offener sind, kommen ihnen zugute. Diese Arbeit findet große Unterstützung aus diesen Bereichen, da sie den Lichtkörperprozess beschleunigt und unterstützt und somit als sehr wertvoll für die gesamte Entwicklung unseres Universums gesehen werden kann.

Auch sie stehen vor einer großen Aufgabe, aber durch ihre liebevolle Hingabe, ermöglichen sie jedem, der dazu bereit ist, die bestmögliche Behandlung und damit ein beschleunigtes Vorwärtskommen auf seinem Weg in die nächste Dimension.

Arcturus

Der Himmelskörper

Der Stern Arcturus ist die eigentliche Heimat der Arcturianer. Jahrmillionen bewohnen sie nun bereits diesen riesengroßen Himmelskörper, der Teil unseres Sonnensystems ist. Er wird von unseren Wissenschaftlern als roter Riese bezeichnet. Das besagt, dass dieser Stern eine enorme Größe bei relativ niedrigen Temperaturen erreicht hat, und in einiger Zeit durch verschiedenste Verschmelzungen und Reaktionen eine Veränderung erfahren wird. Der Planet Arcturus, von seinen Bewohnern liebevoll Stern des Lichtes genannt, bietet mittlerweile keine Lebensmöglichkeiten mehr auf seiner Oberfläche. Nicht unbedingt die Zerstörung der Bewohner hat dazu beigetragen, sondern die natürliche Entwicklung dieses Sternes. Aufgrund sehr hoher Schwingungsfrequenzen und Temperaturverhältnissen kann man die Oberfläche oder Außenhaut nicht mehr als Lebensumfeld nützen.

Daher zog man sich in die nächste Schicht zurück. Für einen Menschen aus der 3. und 4. Dimension ist es sehr schwer vorstellbar, dass es sich bei diesen Planeten und Sternen unseres Sonnensystems nicht unbedingt um eine dichte, zusammenhängende Masse handelt, sondern dass es einen schichtartigen Aufbau gibt.

Vielleicht hat der eine oder andere Leser schon von der Inner Erde gehört, und ähnlich stellt es sich auch auf Arcturus dar.

Der geschichtete Aufbau kommt der Beschreibung einer russischen Puppe sehr nah. Schicht für Schicht kann man sie auseinander nehmen und dazwischen befinden sich Hohlräume. Wenn man sich das jetzt in Himmelskörpergröße vorstellt, Kugel für Kugel ineinander gesteckt, und durch die enorme Größe werden auch die Zwischenräume so ausgedehnt, dass sie dann als Atmosphäre verwendet werden können. Aus diesem Grund gibt es auch keine direkte Sonneneinstrahlung, sondern das Licht wird als sehr hell, aber nicht aus einer einzigen Quelle kommend, wahrgenommen, und es leuchtet eher diffus.

Kristallenergie

Zentraler Punkt und Mittelpunkt des Lebensraumes ist ein unvorstellbar schöner riesengroßer Kristall, der in der Tiefe eines klaren wunderschön blauen Sees zu finden ist. Hier befindet sich etwas, das man mit einer Kraftzentrale allen arcturianischen Lebens bezeichnen kann. Der Kristall erinnert an einen klaren Diamanten, dessen unzählige Seiten jedes einfallende Licht, selbst vom Grunde des Sees, reflektieren und zusätzlich eine Lichtsäule bilden, die weit in den Raum hinaus reicht. Alle später beschriebenen Gebäude, wie Kinderhaus, Regierungssitz, usw., sowie spezielle Regenerations- und Kraftorte liegen in unmittelbarer Nähe dieses wunderschönen Steines.

Dieser besondere Kristall dient als Verbindung zur Energie der höheren Ebenen und somit zum Ursprung und zur göttlichen Quelle. Unerschöpflich nährt er damit die Bedürfnisse des arcturianischen Volkes, um sie auf ihrem mit Liebe gefüllten Weg zu begleiten.

Die Arcturianer haben hier eine uns noch nicht bekannte Möglichkeit gefunden, mit der Energie der Steine zu arbeiten und sie für ihr Leben zu verwenden.

Die Energie wird in ähnlicher, jedoch uns angepasster Form jedem, der dazu bereit ist, zur Verfügung gestellt und erklärt damit auch den Ursprung dieser großen, nicht versiegenden Liebe, mit der uns das arcturianische Volk begegnet und begleitet.

Lebensbedingungen und Lebensraum

Die Tag- und Nachtzeiten, so wie sie uns bekannt sind, existieren nicht. Daher obliegt es dem Einzelnen, sich die für ihn optimalen Lebensbedingungen zu schaffen.

Arcturus an sich ist ein vollkommen trockener verkarsteter Ort, der keine Vegetation aufweist. Die Siedlungen und Lebensräume des arcturianischen Volkes sind auf ein paar wenige Punkte begrenzt. Diese kann man durch starkes helles goldenes Licht wahrnehmen, fast wie Lichtkugeln, die ihre Wohnbereiche überkuppeln.

Hier liegt es an der Gemeinschaft und am Einzelnen, die Lebensbedingungen zu gestalten. Die privaten Wohnstätten sind ebenfalls kugelig aus einem milchigen Material und können in ihrem Grundriss jederzeit verändert werden. Die Einrichtung wird je nach Bedarf im Augenblick kreiert, oder sie ist wie zum Beispiel in öffentlichen Bereichen, wie in Kinderhäusern oder der Bibliothek, fest geschaffen. Bei Bedarf schafft man sich nach seiner Vorstellung einen Lehnstuhl genauso wie einen Tisch zum gemütlichen zusammensetzen, als auch ein vollständiges Kinderzimmer.

Durch die vielen Reisen, die sie in ihrem Leben, das immerhin bis zu 800 Jahre dauern kann, unternehmen, kennen sie viele verschiedene *Einrichtungsstile* und *architektonische Feinheiten*. Somit ist es nicht verwunderlich, dass diese Bereiche aus einer sehr bunten Mischung bestehen, in der nicht nur irdische Vorlagen zum Tragen kommen. Es ist immer alles in Bewegung, aber ohne Hektik und Konkurrenz. Keiner würde sich bemüßigt fühlen, Dinge zu schaffen, die sein Nachbar besitzt, sondern ohne Voreingenommenheit, tauscht man sich immer wieder aus, um vielleicht auch zu erfahren, welchen Hintergrund die verschiedenen Kreationen haben.

In einem arcturianischen Wohnhaus oder Haushalt fehlen Bereiche wie Küche oder Badezimmer, da ihr feinstofflicher Körper Nahrungsaufnahme und Körperpflege in unserem Sinn nicht mehr benötigt. Ihre Ernährung besteht aus pulverisierten Substanzen, die zu Pillen gepresst werden und bei wöchentlicher Einnahme ihren Körper in Funktion halten. Sie sind unseren Vitaminen und Mineralstoffen ähnlich. Alles wird vom Körper vollständig aufgenommen und verwertet. Verdauung und folgende Ausscheidungen kommen nicht zustande, da der Lichtkörper durch den Anschluss an die göttliche Quelle ständig mit Energie versorgt, ernährt und gereinigt wird. Die Substanzen, die sie zusätzlich zu sich nehmen, werden hauptsächlich dann gebraucht, wenn sie viel in anderen Dimensionen unterwegs sind und wirken wie ein zusätzlicher Schutz.

Der Reinigung ihres Körpers und ihrer Kleidung müssen Arcturianer ebenfalls keine Beachtung mehr schenken. Da ihre Körperschwingung, und auch die der verwendeten Materialien, sehr hoch ist, können sich Fremdstoffe nicht festsetzen und werden sofort abgestoßen. Dadurch vollzieht sich eine andauernde Selbstreinigung.

Die einzige Ausnahme bilden Kabinen oder auch Lichtkammern, wo sowohl in der Raumstation, als auch auf Arcturus, eine spezielle Reinigung vorgenommen werden kann. Diese wird dann nötig, wenn bei einem sehr langen Aufenthalt an Orten mit niedrigen Schwingungen und großer Dichte der Körper Schaden genommen hat. Es bleiben Anhaftungen oder dunkle Schatten und Löcher zurück, die in diesen Reinigungsstätten wieder völlig geglättet und entfernt werden. Genauso kann es geschehen, dass bei der Zusammenarbeit mit denkenden Wesenheiten, die etwas wie ein Ego besitzen, energetische Übergriffe geschehen, die den Betreffenden in sehr tiefe Schwingungen versetzen, aus denen er sich selbst nicht mehr zu befreien vermag. Der Arcturianer selbst muss nun selbst bewusst daran arbeiten, um seine ursprüngliche Reinheit wieder zu erlangen.

Dafür kann er zwischen verschiedenen Möglichkeiten wählen. Den zuvor genannten Kabinen, als auch speziell bei schwierigeren Situationen verschiedene kraftvolle Orte in der Natur, wo Glaspyramiden ausschließlich für die Reinigungsarbeit zur Verfügung stehen. Es handelt sich um wunderschöne Bauwerke, die aus einem Material, das wie Milchglas erscheint, bestehen. Der außergewöhnliche Baustoff hat einen perlmuttfarbenen Schimmer, der sich ununterbrochen bewegt und verändert. Hier kann der Arcturianer herkommen, um gebündelte Heilenergie zu empfangen. In der Pyramide befindet sich auch immer jemand, der im Umgang mit heilender Energie für den arcturianischen Mitbruder geschult ist und somit den Betroffenen umfassend unterstützen kann. Auch hier zählt die Eigenverantwortung des Einzelnen um festzustellen, wann er dieser Energie bedarf. Meist kommen die aus dem Universum zurückgekehrten Arcturianer gleich einmal hierher, um alle möglichen Anhaftungen und Unpässlichkeiten entfernen zu lassen, und keine wie auch immer gearteten Fremdenergien in die Gesellschaft auf Arcturus mitzubringen.

Ähnliche Reinigungsenergien wirken auch ständig an den Plätzen und Räumlichkeiten, wo sich die jüngsten Arcturianer aufhalten.

Dies ermöglicht optimalen Schutz vor sowohl kosmischen als auch Einflüssen anderer Art und stellt vollkommen saubere und energetisch hochschwingende Bereiche zur Verfügung.

Ein im Leben stehender Arcturianer nutzt den Planeten eigentlich nur zur Erholung, als Urlaubsort oder als Zuhause, wohin er sich zurückzieht, wenn er beschließt seine Familie zu vergrößern oder sich im Alter zurückzuziehen. Da es für diese lichten Wesen das höchste Ziel ist, die Arbeit im Universum mit viel Liebe zu unterstützen, befinden sie sich die meiste Zeit irgendwo im Universum, um ihrer Berufung nachzugehen.

Um Distanzen in Raum und Zeit zu überwinden, nützen sie die ihnen eigenen Kräfte zur Manifestation. Sie können sich augenblicklich an das Ziel, das in ihren Gedanken geformt wurde, versetzen, und haben daher kein Problem, für einen Moment zu Hause vorbeizuschauen.

Das ist der Grund warum man auf Arcturus nichts findet, das an eine Art von Verkehrsmittel erinnert. Es wirkt alles sehr ruhig und ausgeglichen.

Landschaft

Die Landschaftsgestaltung im Bereich der Siedlungen ist sehr grün mit vielen Bäumen und Pflanzen. Immer wieder trifft man auf leere Grasflächen unterschiedlicher Größe, die als Treffpunkte genützt werden. Die Bewohner sind sehr aufgeschlossen und kommunikativ, sie verbringen viel Zeit damit, ihre Mitbrüder und Schwestern in ihren Heimen zu besuchen, aber bevorzugt nützen sie diese Orte, um sich zu treffen und auszutauschen. Wenn sie einander begegnen nehmen sie sich die Zeit, kreieren sich ein schönes Plätzchen mit Sitzgelegenheiten nach Bedarf, es ist immer alles sehr harmonisch wenn sie Zeit miteinander verbringen. Daher ist Kommunikation und ihr Verhältnis zueinander sehr gut und ausgeglichen.

Bei einem Spaziergang durch die Stadt würden uns Menschen viele Dinge auffallen, die ganz anders sind, als hier auf der Erde. Es fehlen Geschäfte und Lokale, da der Arcturianer sich alles selbst aus dem göttlichen Licht zu schaffen imstande ist. Somit fehlt dieses uns bekannte rege Treiben einer Einkaufsstraße.

Es herrscht eine absolute Stille, die manches Mal nur von Tiergeräuschen unterbrochen ist.

Den Grund dafür findet man in der Art und Weise, wie die Arcturianer miteinander kommunizieren. Die Telepathie oder Gedankenübertragung ist eine wunderschöne Art sich auszutauschen, eigentlich nimmt man als Außenstehender nur diese angenehm weiche Schwingung oder Vibration wahr, die auch von einem feinen Farbflimmern begleitet ist. Ähnliches gilt für die Umgebungsgeräusche, die normalerweise entstehen, wenn man mit Gegenständen hantiert. Auch diese fehlen vollkommen. Jeder Handgriff hat etwas weiches, selbstverständliches, als würde es von selbst geschehen.

Zuvor wurden die Tiergeräusche erwähnt. Man muss wissen, dass Tierwesen auf Arcturus etwas Besonderes sind. Im Prinzip sind die Tierarten, die in früheren Zeiten anwesend waren, nicht mehr vorhanden. Sie haben ihren Inkarnationskreislauf abgeschlossen und sind in ihrer Dimension aufgestiegen. Jetzt sind alle vorhandenen Tiere von Arcturianern gewünschte, zum Bleiben gebetene eingeladene Wesen. Sie sind so ähnlich unseren Haustieren, die immer in einem persönlichen Verhältnis zu ihrem Besitzer stehen. Sie sind zahm und gelten als gleichwertige Mitbewohner dieses Lebensraumes. Somit wird man auch vergeblich nach Insekten oder Kleinstlebewesen suchen. Sie haben keine Funktion und fehlen daher vollkommen in dieser Welt. Beliebt sind zum Beispiel verschiedene bunte Vogelarten, deren Gezwitscher und Gesang immer wieder zu hören ist. Es gibt Schmetterlinge und andere friedliche, für uns oft ungewöhnliche Tierarten, da sie ja nicht unbedingt von unserer Erde stammen, die Bewegung und Vielfalt in die Landschaft bringen.

Es gibt außer den Orten, die man als Städte bezeichnen kann, auch viele außergewöhnliche Plätze in der Natur.

Man findet wunderschöne fast tropisch wirkende Wälder mit Wasserfällen, kleinen Seen und anderen sehr idyllisch wirkenden Orten, die meist auch mit Vogelgezwitscher erfüllt sind. Dies sind Kraftplätze, die sich durch ein sehr hohes Energieniveau auszeichnen. Arcturianer ziehen sich oft hierher zurück, in Momenten der Erholung und Innenschau. Auch die kleinsten und jüngsten Sternengeborenen kann man hier finden, da es wichtig ist, sie mit der Natur und ihren Kräften zu verbinden und sie hier die Möglichkeit haben, ihren Kontakt mit der Tier- und Pflanzenwelt selbst zu entdecken und zu pflegen.

Die Landschaft durchzieht ein kleiner Fluss, an dessen Ufer viele schöne alte Bäume stehen, dazwischen erkennt man größere Lichtungen, wo man immer wieder viele Arcturianer beisammen sieht. Hier treffen sich so genannte Arbeitsgruppen, die sich meist mit speziellen Themen beschäftigen. Man geht hin, es wird geredet und ausgetauscht und informiert. Auch hier ist eine wunderschöne ausgeglichene Stimmung wahrnehmbar. Es ist eine besondere Zufriedenheit, die einen so in den Bann zieht. Man fühlt nie dieses Unzufriedene, Kämpferische, das man bei uns auf der Erde fast immer und überall erwarten kann.

Alles ist gepflegt sauber und harmonisch. Öffentliche Grünanlagen werden liebevoll von zuständigen *Gärtnern*, die ganz normale Arcturianer mit einer besonderen Hingabe zu Pflanzen sind, geschaffen, betreut und gepflegt. Es ist eine Aufgabe, die für die Gemeinde gerne und freiwillig übernommen wird.

Um nochmals auf das Licht zurückzukommen. Da am so genannten Himmel niemals eine Sonne oder andere Lichtquellen zu erkennen sind, herrschen sehr weiche angenehme Lichtverhältnisse. Alles ist immer gut ausgeleuchtet, es fehlen Schatten, und die Natur scheint in besonders leuchtenden Farben zu erstrahlen. Es ist fast so, als würde man die Aura bei allen Wesenheiten wahrnehmen können und das ergibt eine ganz besondere Farbqualität. Es ist ein andauerndes Funkeln und Leuchten, das immer vorhanden ist.

Öffentliche Gebäude

Dem öffentlichen Bereich schließt sich auch ein wunderschönes gläsernes Gebäude an, das von vielen Bewohnern regelmäßig besucht wird. Es sieht aus wie eine gläserne Halle, die über eine breite Treppe erreichbar ist. Ungefähr in der Mitte des Komplexes befindet sich ein pyramidenförmiger Aufsatz, der sich in der Farbe etwas vom Rest abhebt.

Es ist die Bibliothek. Betritt man diese Räumlichkeiten fällt sofort auf, dass es einige in dunkelblaue, schillernde Roben gekleidete Arcturianer gibt, die für diesen Bereich zuständig scheinen. Sie sind ununterbrochen damit beschäftigt, Bücher zu bringen, zu erklären und die Anwesenden durch die Räumlichkeiten zu führen. Das Licht in diesen Bereichen schimmert bläulich, die Stimmung kann man als sehr beruhigend und fast festlich bezeichnen. Die uns bekannten meterlangen und wändefüllenden Bücherregale sucht man hier vergeblich. Alles ist in eher kleinere Bereiche gegliedert, wo man die gesuchte Information sowohl in der uns bekannten Form des Buches als auch auf Bildschirmen, die man beliebig einstellen kann, findet.

Alle Bücher scheinen in einem Einband aus transparentem hellblauem Licht. Daher offensichtlich die Funktion der zuständigen *Bibliothekare*, die Bücher nach Bedarf zu suchen und zur Verfügung zu stellen.

Regierung

Ganz in der Nähe findet man einen zweiten, ähnlich aussehenden Komplex. Auch hier gehen Arcturianer ständig ein und aus. Im Innenbereich sieht man im Unterschied zu vorher, unzählige im Kreis angeordnete Sitzgelegenheiten.

Hier trifft sich der ältesten Rat, der einer Beschreibung der arcturianische Regierung am nächsten kommt. Er besteht aus sehr weisen, weit fortgeschrittenen Mitgliedern der Gesellschaft, die sich, nachdem sie ihre aktive Laufbahn im Dienste für das Universum hinter sich gelassen haben, in diesem Rat versammeln. Ihre Aufgabe besteht darin, den Mitbrüdern und Schwestern das Leben an diesem Ort zu organisieren und zu gestalten. Für jeden aus ihrer Mitte ist es eine große Freude, wann immer er von seinen Missionen zurückkehrt, alles in der gewohnten Ordnung vorzufinden. Schönheit und Harmonie sind Attribute, die ein Jeder vorzufinden hofft, wenn er heimkehrt. Man freut sich seine wohlbetreuten Kinder wieder zu sehen, seine Erholungs- und Regenerationsphasen hier zu verbringen und vor allem sein langes Leben mit Freude und in Gesellschaft ausklingen zu lassen.

Ihre Verantwortung liegt genauso darin, für das Wohl dieses Planeten zu sorgen, als auch in der Verwaltung des öffentlichen Geländes, der Kinderwohn- bzw. Betreuungsstätten und der Bibliothek.

Der Ältesten Rat ist auch eine Anlaufstelle für alle Mitbewohner. Sie legen ihre Bedürfnisse, Wünsche und Anfragen hier dar. Persönliche Probleme werden hier gelöst, es wird beraten und Erfahrungen weitergegeben. Und es steht jeder Seele frei, diesen Dienst in Anspruch zu nehmen. Das gilt für junge Arcturianer, die vor der Berufsentscheidung stehen, genauso wie für die ganz Alten, die ihre Entscheidung zu treffen haben, wann sie dieses Leben hinter sich zu lassen gedenken.

Wenn man sich Kinder vorstellt, die gerade zu überlegen anfangen, wie sie ihren weiteren Lebensweg gestalten wollen, dann ist es sehr gut vorstellbar, dass sie gerne diese Ältesten in Anspruch nehmen. Hier finden sie das Wissen, die Weisheit und Geduld einer sehr erfahrenen Wesenheit, welche die Aufgabe eines Vaters genauso übernimmt wie die eines Lehrers, Therapeuten oder Arztes. Er bringt genug an Erfahrung mit, um dem Jungarcturianer die verschiedenen Möglichkeiten sehr vorstellbar darzubieten. Er kann die Fragen zu Inkarnationen auf anderen Planeten genauso beantworten, wie Beschreibungen zu anderen Lebensweisen und Kulturen. Durch ihn können Besuche auf den Raumstationen als auch Reisen durch das All ermöglicht werden.

Man muss wissen, dass es einem arcturianischen Kind bis zu seiner offiziellen Freigabe, durch eine Entscheidung des besagten Ältestenrates, nicht gestattet ist, Arcturus selbständig und ohne Begleitung zu verlassen. Die Neugier soll jedoch gestillt werden und Erfahrungen und Eindrücke müssen gesammelt werden, somit gibt es diese Anlaufstelle auch, um alle diese anfallenden Wünsche zu befriedigen.

Sitzungen dieses Rates sind immer öffentlich. Somit hat jeder ein Mitspracherecht, welches auch verantwortungsvoll und mit viel Freude von allen zurzeit Anwesenden genützt wird.

Die Alten

Wie schon des Öfteren erwähnt, besteht die Bevölkerung auf Arcturus hauptsächlich aus der älteren- und Kinder-Jugendgeneration. Alle im Berufsleben stehenden Arcturianer befinden sich auf ihren gewählten Missionen.

Ein Arcturianer hat eine von ihm selbst bestimmte Lebenserwartung von 300- 800 Jahren. Er selbst bezeichnet sein Leben als einen Durchlauf, den er nach eigenem Befinden gestaltet und führt. Er hat ein bestimmtes Programm, das er erfüllen möchte und wenn er das abgeschlossen sieht, verabschiedet er sich ohne Trauer und ohne Angst, um für seine nächsten Aufgaben bereit zu sein.

Zusätzlich ist sein Körpersystem nach 800 Jahren ziemlich mürbe, ausgelaugt und verbraucht und es würde immer mehr Energie erfordern, um es am Laufen zu halten. Daher ist es der einfachere Weg, neu zu inkarnieren, um mit frischen Kräften und einem neuen Gefährt weiter zu arbeiten. Jedes Gebrauchsmittel stumpft und arbeitet sich mit der Zeit ab, selbst wenn es mit so hoher Energie wie der arcturianische Körper bedient wird. Er freut sich auf die Ruhezeit, auch weil es bedeutet, der Quelle wieder näher zu sein.

Wenn ein Arcturianer nun die Entscheidung getroffen hat, sich von seiner Hülle zu trennen, beginnt ein sehr schönes Ritual. Zuallererst macht er seine Runde, um mit jedem seiner Freunde noch ein intensives Gespräch zu führen, mit seinen Mitarbeitern nochmals Wissen auszutauschen, um sich danach liebevollst zu verabschieden. Aus der Größe der Gemeinschaft ergibt sich natürlich, dass diese letzten Zusammentreffen einige Zeit erfordern. Als Abschluss wird noch ein großes Fest gefeiert, Weisheiten und Lebenserfahrungen weitergegeben und danach geht er ganz einfach weg. An einen Ort seiner Wahl und verlässt seine Hülle, die anschließend wieder in Urlicht transformiert wird. Der Arcturianer besitzt trotz seines Lebens in der 5. Dimension einen Körper.

Dieser ist zwar feinstofflich, hat aber immer noch eine gewisse Dichte, die eine manifestierte Hülle darstellt.

Nach dem Verlassen befindet sich die Essenz oder Seele wieder an einem Ort zur Erholung, Aufarbeitung des Erlebten und um neue Aufgaben für das Wachstum zu finden. Diese andere, lichte Welt unterscheidet sich auch von unseren jenseitigen Bereichen der 4. Dimension durch die Tatsache, dass das Fehlen der Dualität, Orte der Erneuerung, Innenschau und Karmaerfahrens nicht mehr notwendig macht.

Fehler wie wir Menschen sie bezeichnen kennt der Arcturianer nicht. Für ihn ist alles Teil des Wachstums und jede Handlung ein Schritt, der die Bereitschaft, seinen Weg zu gehen, erkennen lässt. Die Stolpersteine sind keine Hindernisse sondern nur Aufgaben, die auf viele verschiedene Arten gelöst werden können. Die Möglichkeiten dazu sind viele, aber jede ist auf ihre Art richtig und anerkannt. Niemand würde sich jemals anmaßen über seinen Mitbruder nur in geringster Weise zu urteilen, sondern er anerkennt die Verschiedenartigkeit der unzähligen Wesenheiten und schätzt ihre Existenz als Teil seiner Erfahrungen.

Der jenseitige Ort dient Wesenheiten der 5. Dimension nur noch, um gewisse Zusammenhänge umfangreicher zu erkennen und danach dieses Wissen auch weitergeben zu können. Hier wählt der Einzelne die Dauer seines Aufenthaltes, abhängig von seinen zukünftigen Aufgaben.

Das zuvor genannte Fest unterscheidet sich sehr von unseren irdischen Festivitäten. Da Essen und Trinken für Arcturianer kein Bedürfnis mehr darstellen, wird hauptsächlich Wert auf das liebe und freudvolle Zusammensein mit viel Tanz und Musik gelegt. Es scheint als wäre alles ein farblicher Energieaustausch, ein Sprühen von absoluter Freude.

Zumeist sind alle Einwohner anwesend, und es ergibt einen sehr bunten und fröhlichen Anblick. Auch Arcturianer von den Schiffen und Außenstationen kommen kurz vorbei, um dem Scheidenden ihre Liebe und Anerkennung mitzugeben. Somit ergibt sich ein wunderschönes buntes Bild, das die Liebe und Achtung, die sie füreinander empfinden, deutlich zum Ausdruck bringt.

Partnerschaft, Sexualität und Kinder

Ein Arcturianer lebt sein Leben immer mit einem Lebenspartner. Trotzdem die Unterschiede zwischen Mann und Frau äußerlich fast nicht mehr zu erkennen sind, gibt es sie. Das Zurücklassen der Dualität bedeutet auch den Ausstieg aus dem Kampf der Geschlechter. Alle Spielchen und die daraus resultierenden Unpässlichkeiten sind zu Ende. Eine arcturianische Partnerschaft bedeutet einfach, besonders füreinander zu empfinden und unter Umständen bereit zu sein, die persönliche Energiestruktur mit der seines Partners auszutauschen und zu vermischen, um es einer neuen inkarnierenden Seele mitzugeben. Selbst wenn sie dies nicht als Ihr Ziel erachten, erhalten sie die Partnerschaft über die vielen Lebensjahre aufrecht, werden aber vermehrt an den Aufgaben der Gemeinschaft beteiligt sein.

Die meiste Zeit des Lebens verbringen die Paare getrennt von einander. Die Arbeit bringt sie an die verschiedensten Plätze und für sie bedeutet die Rückkehr auf Arcturus meist ein freudvolles Wiedersehen. Hier schaffen sie sich auch ihren privaten Bereich in Form eines arcturianischen Heimes.

Wenn sie nun beschließen - das geschieht auf mehreren Ebenen - einer Seele den Weg auf Arcturus in die nächste Inkarnation zu ermöglichen, gibt es einige Punkte, die zu erfüllen sind.

Zuallererst wird die Bereitschaft der neuen Seele kundgetan, die das Einverständnis der zukünftigen Eltern braucht. Das erscheint ungewöhnlich, gibt aber die

Sicherheit, dass das höchstmögliche Energieniveau angestrebt wird und Irrtümer ausgeschlossen sind.

Die zukünftigen Eltern unterziehen sich jetzt der verschiedensten Reinigungen ihrer Energiekörper, begeben sich an einen Kraftplatz ihrer Wahl und beginnen dann mit der Schaffung eines Energiekörpers.

Das erfordert den mentalen Austausch ihres gesamten Energiepotentials und den darin enthaltenen Vorstellungen, Wünschen, Erfahrungen und Ideen.

Von außen betrachtet erscheint zwischen den beiden nahe zusammenstehenden Körpern eine Energiespirale, die wie ein Kanal wirkt. In der Spirale sieht man ein Glitzern von allen Farben des Universums, die weit über unsere Vorstellung reichen. Ein kleiner neuer Babykörper wird manifestiert, in den man durch die Energiespirale den Einstieg der alten neuen Seele wahrnehmen kann. Auch nachdem man die Anwesenheit von neuer Energie in dem kleinen Körper erkennen kann, bleibt die Vereinigung der beiden Eltern noch längere Zeit bestehen. Es erscheint in soviel absolute Liebe und Hingabe getaucht, dass alle anderen Schwingungen der Umgebung nicht mehr wahrnehmbar sind.

Langsam, wie ein Zurückkommen aus einer weit entfernten Welt, lösen sich die beiden voneinander, um mit viel Freude den kleinen Arcturianer zu begrüßen.

Sie ziehen sich anschließend in ihr Heim zurück, um die erste Zeit alleine mit der neugeborenen Seele zu verbringen, sie beim Gewöhnen an die begrenzende Hülle zu unterstützen und um diese Art von Familienleben für kurze Zeit zu genießen. Es ist etwas Besonderes, dieser neuen Form seinen Platz zu gestalten und sie ins Leben zu führen. Die Entscheidung, wie lange sie als Kleinfamilie gemeinsam verweilen, liegt ganz bei ihnen. Viele genießen es einfach, diese junge Seele die erste Zeit zu begleiten, ihre Energie dem Kind zufließen zu lassen, um es in seiner ersten Entwicklungsstufe bestmöglich zu unterstützen. Dadurch erlangt der kleine Arcturianer sehr schnell große geistige und körperliche Erfahrung.

Der Körper der neuen Seele wächst sehr rasch, da die Notwendigkeit des langsamen Anpassens und Gewöhnens der Seele an die neue Hülle nicht mehr nötig ist. Der Lebensraum in der 5. Dimension ermöglicht bereits einen sehr feinstofflichen, lichten Zustand, der dem Leben im Lichtkörper schon sehr nahe kommt. Das kleine Wesen entwickelt sich bereits in den ersten Tagen zu einem aktiven Kleinkind, das jede neue Erfahrung schnell aufnimmt.

Im Unterschied zu den Erdenkindern kommen sie wissend und beweglich zurück. Für sie gibt es nicht die lange Kindheit, in der sie auf ihren Lebensweg und ihren Karmaausgleich vorbereitet werden. Sie benötigen keine elterlichen Prägungen und Muster, die sie auf ihrem Lebensweg begleiten, daher verläuft die Kindheit auf Arcturus völlig anders. Die Eltern übernehmen ausschließlich die Aufgabe, der Seele wieder einen passenden Körper zur Verfügung zu stellen und ihr die anschließende Eingewöhnungsphase zu erleichtern. Sie entscheiden den Zeitpunkt, wann sie bereit sind, das Kind der Gemeinschaft zu übergeben und selbst wieder ihrer Aufgabe nachzugehen.

In Form eines großen Willkommenfestes wird der kleine Sternengeborene der Öffentlichkeit präsentiert und der Gemeinschaft übergeben. Ab jetzt ziehen sich die Eltern zurück und die Aufgabe der Begleitung wird von dafür besonders geschulten Arcturianern übernommen. Sie sind meist Mitglieder des ältesten Rates und gehören immer zu den weisesten und erfahrensten Arcturianern. Sie haben die Befugnis aufgrund ihres großen Wissens und durch langjährige Erfahrung auf diesem Gebiet erlangt. Sie erfüllen ihre Aufgabe mit großer Hingabe. Für sie ist es eine Verpflichtung, den jungen Arcturianer durch jede anfallende Situation zu führen und ihn in allen Lebensbereichen mit Verständnis zu begleiten. Das sichert den Kindern die bestmögliche Entwicklung, um für die hohen Aufgaben, die sie sich später zum Ziel setzen werden, gewachsen zu sein.

Die Eltern haben somit ihre Aufgabe erfüllt und verlassen Arcturus nun wieder um ihren Pflichten nachzukommen, bleiben aber ständig in Verbindung mit dem Kind und sind ihm in Liebe verbunden.

Kinderhäuser

Der Wohnbereich und Aufenthaltsort der jungen Mitbürger befindet sich in eigens geschaffenen Komplexen.

Sie setzen sich aus Pyramiden und kugelförmigen Bauwerken zusammen.

Betritt man das Innere dieser Räume, spürt man sofort eine sehr hohe Schwingung, die sich sehr freudvoll und lebendig anfühlt. Viel Liebe und Wärme ist dabei und selbst das einfallende Licht hat einen rosa schimmernden Ton.

Die Kinder sind überall. In kleinen Gruppen kann man sie zusammen stehen sehen. Sie spielen, lernen, sammeln Erfahrungen. Immer wieder sieht man Lehrer, die umringt von Kindern Wissen weitergeben.

Man sieht viele Kleinbereiche, wo zu verschiedensten Themen Arbeitsmaterialien zu sehen sind und es gibt auch jede Menge Tiere, die aus allen Bereichen der Galaxie zu stammen scheinen, aber immer sehr zahm und anschmiegsam aussehen und sich vertraut zwischen den Kindern aufhalten.

Vor den transparenten Außenwänden sieht man Natur in jeder Form. Prachtvolle Blumen mischen sich mit Bäumen und Sträuchern. Dazwischen kleine Lichtungen mit Wasserstellen, kleinen Bächen und sprudelnden Quellen. Überall Kinder in Begleitung ihrer Betreuer, die jederzeit für Auskünfte zur Verfügung stehen.

Diese verantwortungsvolle Aufgabe eines Lehrers oder Begleiters für die Kinder wird bei den Arcturianer ausschließlich von sehr hoch entwickelten Seelen übernommen. Die sehr hohe Schwingungsfrequenz dieser Wesen bedingt die bestmögliche Versorgung, auf allen Entwicklungsebenen des jungen Arcturianer.

Soviel Harmonie, Liebe und Fröhlichkeit im Zusammenleben ist für uns Menschen wahrscheinlich kaum vorstellbar, aber vielleicht in naher Zukunft auch für uns erreichbar.

Arbeit und Aufgaben im Universum

Die Aufgabe, die sich der Arcturianer von Geburt an zum Ziel setzt, ist die Energie der Liebe der Anerkennung in jeder nur erdenklichen Form zu leben und weiterzugeben.

In allen Planetensystemen unseres Universums gibt es verschiedenste Arten von Lebewesen, Lebensformen und Bedingungen. Immer und überall gibt es *Spielregeln*, die es zu beachten gilt, Aufgaben und Ziele, die zu erfüllen und zu erreichen sind. Immer wird nach dem Moment getrachtet, wo die Lebensform den Punkt erreicht, wo sich das Herz wieder öffnet und göttliche Energie fließen kann und diese Unterstützung geben die Arcturianer.

In der Forschung arbeiten sie daran, die vielen verschiedenen Lebenssysteme zu erkennen und zu verstehen, dafür die richtige *Therapieform* zu erarbeiten und Möglichkeiten zu finden, mit den Wesen zu kooperieren und sie zu begleiten.

Tausende von Jahren haben sie auch unser Tun beobachtet und begleitet. Unzählige Male durften sie unseren Lebensraum von Angriffen aus den Weiten des Weltraumes beschützen und dadurch große Veränderungen, die unseren Weg verzögert hätten, verhindern. Dies aber immer unter Einhaltung aller im Universum geltenden Spielregeln, die vor allem den freien Willen beinhalten.

In den letzten 50 bis 60 Jahren begann sich ein Wandel abzuzeichnen.

Der Mensch auf der Erde, dem Planeten, der als Schule der Liebe bezeichnet wird, hatte sich so tief in die

Materie, die Dualität begeben, dass es oft aussah, als würde er den Weg zurück ins Licht aus eigener Kraft nicht finden. Hier traten dann einige, in hohen Räten beschlossene Veränderungen in Kraft, die unter anderem auch christusbewussten Außerirdischen mehr Handlungsraum zusprachen.

Das Licht, das sie bereit sind auszustrahlen und dem Menschen anzubieten, um ihm das noch Unbekannte zu erleuchten, beginnt sich bereits seinen Weg zu bahnen. Die Dichte der Materie wird immer löchriger und die vereinzelt durchdringenden Strahlen beginnen ihre Arbeit zu leisten. Die karmischen Geschichten werden langsam aufgerollt und bearbeitet, die Menschen fangen an, zuerst vereinzelt, dann in immer größerer Anzahl, ihr Bewusstsein zu erweitern, und den Schleier des Vergessens transparenter werden zu lassen.

Die leise Unterstützung der Arcturianer kann langsam Wirkung zeigen und sie sind nun in der Lage, auch über das Tagesbewusstsein des Einzelnen zu wirken. Lange Zeit hatten sie nur die Möglichkeit während der Zeiten, wo wir uns im feinstofflichen Körper befinden, die Kontakte zu knüpfen, um an und mit uns zu arbeiten, meist während des Schlafes bei Meditationen oder aber während der Zeiten des Verweilens in den feinstofflichen Welten, nach unserem Tod.

Hier besuchen wir immer wieder Schulen oder Vorbereitungsstätten, wo unsere zukünftigen Leben vorbereitet und geplant werden. Da haben auch viele von uns, nämlich alle die bereits mit arcturianischer

Lichtenergie arbeiten und arbeiten werden, ihre Bereitschaft und Zustimmung gezeigt, an diesem Projekt beteiligt zu sein.

Die vollkommene Öffnung des Herzchakras durch die Reinigung der verschiedenen Energiekörper zu unterstützen ist hier das Ziel. Das ermöglicht in weiterer Folge die göttliche Liebe, diese absolute Energie, die von der göttlichen Quelle kommt weiter zu tragen, und als normale Lebensenergie in den Alltag einfließen zu lassen.

Hier beginnt eine natürliche Verbreitung. Licht hat immer die Tendenz, seine Umgebung zu erhellen und somit geschieht das Gleiche auch auf den feinstofflichen Ebenen.

Ein Mensch, der bereits eine hohe Lichtschwingung in sich trägt, erhöht ständig die Schwingung seiner Umgebung und die seiner Mitmenschen. Daher tritt eine Bewegung in Kraft, die den Aufstieg des Einzelnen und in weiterer Folge den unseres geliebten Planeten ermöglicht.

Wir hier wirken also wie Lichtpunkte, die ständig daran arbeiten, einen Lichtring um die Erde zu bilden, ein strahlendes Gitternetz, das die Lichtwerdung immer mehr unterstützt und beschleunigt. Unsere Freunde auf der Raumstation unterstützen diese Arbeit dadurch, dass sie ihre ständig neuen Erfahrungen sofort umsetzen und in die Behandlungen mit einbringen.

Auch sie lernen ständig neue Aspekte kennen, die für sie erst verstanden und umgesetzt werden müssen. Da sie ihre Lebenserfahrung auf andere Art und Weise gemacht haben und auch unsere, durch die Dualität sehr stark geprägte und beeinflusste Entwicklung nicht durchgemacht haben, gibt es Bereiche, die ihnen auch noch unbekannt sind.

Zum Beispiel hatten sie nie ein Ego, das ihre Gefühlswelt, Handlungen und die Formen von Macht so massiv beeinflusst und übermantelt hat.

Somit ergeben sich während der Sitzungen viele neue Erkenntnisse, die sie in späteren Arbeiten bereits wieder berücksichtigen. Auch hat jeder Einzelne ein ganz spezielles Lebensprofil, niemand hat gleiche Muster. Zwar liegen ähnliche bis gleiche Themen zugrunde, aber jeder hat seinen persönlichen Weg gewählt und ist ihn immer nach seiner Art gegangen. Alle Fehler oder Verfehlungen bildeten eine Basis, die zu den später folgenden emotionalen Verhaftungen und Bindungen führten. So ging es immer tiefer und tiefer in die Materie hinein. Jetzt steht ein jeder von uns vor der Aufgabe, diese Schatten der Vergangenheit zu erkennen, zu erlösen und sie aus der Aura zu entfernen. Hier beginnt der umfangreiche Wirkungsbereich der arcturianischen Lichtarbeit in Kraft zu treten.

Bei jeder einzelnen Sitzung, sei es bei einer irdischen Therapie oder während des Schlafes, wird an den verschiedenen feinstofflichen Körpern gearbeitet und der *Müll* entfernt. Meist kann der Mensch dies in seinem physischen Körper wahrnehmen, da jedes Problem des Körpers seine Ursache in einer Energieverdichtung im feinstofflichen Bereich hat.

Jeder Schmerz, jede Verletzung ist als Schatten oder einer farblichen Veränderung erkennbar. Bei der Transformation der Energien aus der Vergangenheit sind die Reaktionen im Körper oft nicht mehr notwendig und die Symptome dürfen verschwinden.

Je mehr Menschen sich bewusst in den Prozess einlassen, desto komplexer wird die Behandlung der Arcturianer. Je mehr Einblicke sie zur Verfügung gestellt bekommen, umso schneller schreitet die Lichtwerdung voran.

Daher wird diese Arbeit von der geistigen Welt sehr unterstützt und nicht zufällig sind die Arcturianer Mitarbeiter des ersten göttlichen Strahles.

Die Aufgaben dieser Abteilung, deren Lenkung und Leitung dem aufgestiegenen Meister El Morya zugeteilt ist, sind, den Willen und die Macht Gottes, Kraft und Selbstvertrauen im Menschen zu erwecken, um den Weg zur Lichtwerdung mit Freude und Mut zu beginnen.

Also die Initialzündung im Menschen vorzunehmen und ihm den Weg zu erleuchten. Hier können unsere arcturianischen Freunde viel bewirken. Mit großer Liebe unterstützen, begleiten und ermöglichen sie die nötige Reinigung und Blockadenentfernung, um uns das Vorwärtskommen zu erleichtern.

Und das alles geschieht nicht nur für unseren kleinen Planeten Erde, sondern auch an vielen anderen Orten in der Weite des Weltraumes.

Lord Arcturus Aufgabe ist es, mit viel diplomatischem Feingefühl dies umfassend zu vermitteln. Passend für die diversen Lebensformen die richtigen Zugänge zu finden und die Mitarbeiter dabei zu unterstützen, ihr Wissen anzuwenden und zu verbreiten.

Er leitet in diesem Sinne auch Treffen der intergalaktischen Föderation, deren Ziel es ist, mit friedlichen Mitteln und Zugängen, die Völker des Raumes zu vereinen und das Verständnis und die bereitwillige Mitarbeit an den verschiedensten Aufgaben und Projekten zu fördern.

Immer das Hauptaugenmerk auf den Zustand der allumfassenden Liebe, als Lebenseinstellung gerichtet.

Man sucht zu vermitteln und den Funken auszubringen und als Ziel der Lichtarbeit zu setzen.

Im Moment der Zustimmung der obersten Herren des Planeten oder Lebenssystems, werden oft Energieformen in den Planeten verpflanzt, die den Fortschritt unterstützen.

Auf unserer Erde wurden Riesenkristalle in die erste Erdschicht eingelassen, die unter permanenter Abgabe ihrer lichtvollen Kristallschwingung den Energiepegel stetig erhöhen.

Drei dieser Orte sind mittlerweile bekannt. Schon seit Jahrtausenden wirkt von dort ausgehend diese starke Lichtschwingung.

Die Aborigines sind ein Volk, das als Hüter dieses Lichtes fungiert. Ihr irdischer, zentraler Kraftort liegt dem des Steines sehr nahe.

Jetzt wo sich ein Teil der Menschheit beginnt selbst mit seiner Lichtwerdung auseinander zu setzen, können sie ihre Aufgabe abgeben und beginnen sich zurückzuziehen. Ähnliches geschieht oder geschah in Kanada und Südamerika. Alte uns auch noch bekannte Völker arbeiteten bereits mit kristalliner Lichtenergie, hatten Wissen, das vieles auf diesem Planeten beeinflusste und konnten so vieles in Bewegung bringen. Die Steine wirken an ihren Plätzen wie große Transformatoren. Langsam aber stetig verbreitet sich das Licht. Anhand von Australien kann man zum Beispiel eine sehr klare Abfolge erkennen. Die Aborigines bevölkerten das Land bis vor ca. 200 Jahren als ein spirituell entwickeltes Volk mit sehr großen Fähigkeiten. Dann begann England ihre Strafgefangenen auf diese weit entfernte Insel zu verschicken. Hier wurden diese Menschen, die noch sehr tief in der Materie und somit in ihren Trieben verhaftet waren, einer besonderen Lichtschwingung ausgesetzt, die sehr viel zu verändern und zu transformieren begann. Die Population erhöht sich bis heute ständig, und für viele Menschen bleibt es ein ständiger Wunsch, Australien zu besuchen.

Heute gibt es auf diesem Kontinent bereits einige größere Gruppierungen, die sich als Ziel gesetzt haben, die Lichtwerdung der Menschen und des Planeten zu unterstützen.

Die ständige Lichterhöhung durch den Kristall zeigt ihre Wirkung.

Ähnlich war es an den anderen beiden Orten wie Kanada und Südamerika. In den vergangenen Jahren kam es zu Kristallsetzungen am Bodensee und in Asien.

Mit Hilfe der vielen Lichtarbeiter wird das Netz zwischen diesen Orten nun immer dichter. Jeder der bereit ist mit dem Licht und der Liebe zu arbeiten, hinterlässt eine feine Spur, einen dünnen Faden, der sich langsam mit den anderen Leuchtfäden vermischt und sich zu einem dichten Netz verwebt. So sehen wir, wie groß unsere Aufgabe und Verantwortung ist, aktiv an unserem Aufstieg und an dem unserer Mitbrüder- und Schwestern zu arbeiten.

Wir werden mit Liebe unterstützt, aber das Tun liegt trotzdem bei jedem Einzelnen.

Praktischer Teil

Was geschieht bei arcturianischen Lichtbehandlungen? *(Ruth Panrok)*

Der Klient kommt zu mir, er legt sich auf eine Liege und geht in einen Entspannungszustand. Gearbeitet wird im Normalfall mit nicht sichtbaren Energiekugeln. Es ist eine bestimmte, erlernbare Technik, diese Kugeln am beziehungsweise um den Körper zu verteilen und daraus ergeben sich auch die Farbe oder deren verschiedene Kombinationen.

Ich berühre den physischen Körper dabei nicht. In den ersten 10 Monaten arbeite ich mit Energiekugeln, die wie ein Polster zwischen mir und dem Körper des Klienten bewegt werden.

Ab der ersten Anhebung, also im zweiten Abschnitt, werden nur noch Farben verwendet. Jeder Glaubenssatz und alle Emotionen werden zum Zentrum der göttlichen Ordnung (befindet sich 2 cm hinter dem Nabel) geführt, um dort die Prozesse in Gang zu bringen.

Die Behandlungen dauern jeweils eine Stunde. Davon arbeite ich zwischen 10 und 30 Minuten aktiv am Klienten, um für den Rest der Zeit den Raum zu verlassen. Der Klient liegt weiterhin entspannt auf der Liege und jetzt wird ausschließlich durch die Arcturianer im feinstofflichen Bereich gearbeitet.

Die Klienten empfinden es als sehr angenehm und entspannend. Viele befinden sich da in einem Zustand, der einer tiefen Meditation gleichkommt. Manche treten jetzt in Verbindung mit den Arcturianern und erhalten so alle Bilder, Erklärungen oder Informationen, die sie danach mit ins Tagesbewusstsein bringen.

Gearbeitet wird ausschließlich am Energiekörper und ich komme mit dem physischen Körper nie in Berührung. Die Arbeit ist sehr lichtvoll. Auch wenn man es nicht sieht und leider auch selten spürt, befindet man sich danach in einem Zustand körperlichen Wohlbefindens, den man von Woche zu Woche weiter trägt und sich schon auf die nächste Behandlung freut. Es ist ein körperlich - geistiges Leichterwerden, das zusätzlich viele Prozesse im Körper in Gang setzt. Es kann zu Gewichtsabnahme oder Verlagerung kommen, Kanäle werden freigeschaufelt, die Intuition erhöht sich und daraus folgend vielleicht die Hellsichtigkeit und das Feingefühl. Oft wird bei gesundheitlichen Problemen, Schmerzen oder Verletzungen von Erleichterung berichtet. Da die Ursache jeder Krankheit ihren Ursprung im feinstofflichen Bereich hat, der sich in weiterer Folge im Körper manifestiert, erweist sich die arcturianische Lichtarbeit für die Heilung als sehr hilfreich.

Zusätzlich sei noch erwähnt, dass es für viele meiner Klienten eine große Freude bedeutet, hier zu sein und diese Behandlung zu bekommen. Schon oft erwähnten sie, dass es sich anfühlt als würden sie nach Hause kommen.

Stufen und Art der Behandlung

Ätherkörper

Zu Beginn des gesamten Therapieablaufes steht eine grobstoffliche Reinigung der Aura.

Dabei wird in erster Linie am Ätherkörper, der sich bis ca. 5 cm über den physischen Körper erstreckt, gearbeitet. Der Ätherkörper oder Ätherleib ist am engsten mit dem physischen Körper verbunden und hier liegt die Verankerung unserer physischen Empfindungen. Er ist die Schutzhülle, die unseren Körper vom Eindringen krankheitserregender Stoffe bewahren soll. Zusätzlich dient er als Vermittler zwischen physischem Körper und den höheren Energiekörpern. Verunreinigungen dieser Schicht verhindern daher den ungestörten Informationsfluss aus den weiteren Auraschichten.

So werden bei den ersten drei Behandlungen (bei Rauchern sechs) grobe Verunreinigungen aus diesem Bereich entfernt.

Der Ätherkörper des Menschen wird dabei von Fremdenergien jeder Art gesäubert.

Als normal und gesund lebender Mensch ist die Belastung aus dem heutigen Leben relativ gering. Trotzdem kommt es immer wieder zu störenden Anhaftungen durch Fremdenergien, die zum Teil von Verstorbenen stammen, die nicht ins Licht gegangen sind, oder aber Energien aus der Vergangenheit, die oft schon durch viele Leben mitgetragen worden sind.

Diese Energiebelastungen werden vom Menschen meist nicht als solche erkannt, stellen aber immer ein Vitalitätsproblem für den Körper dar, da sehr viel der Lebensenergie dort hineinfließt und somit der Schutz vor Krankheiten geringer wird. Wesentlich stärker tritt dies bei Rauchern auf.

Hier verursacht das Suchtverhalten Verunreinigungen in der Aura, die wie Nebelschwaden aussehen und die sich als sehr klebrig und anhaftend erweisen. Daher auch die Bezeichnung Sucht, denn in dem Moment, wo die Zufuhr des nährenden Stoffes von außen vermindert wird, kommt es zu einem großen Verlangen, das die Versorgung immer wieder sichert. Dabei handelt es sich um verselbständigte Energien, die nur sehr schwer zu lösen sind und bereits bei geringer Zufuhr des Suchtmittels eine allgemeine Senkung der Energie und ihrer Schwingungsfrequenz verursachen. Die nun eintretende, vom Raucher erwünschte *Beruhigung* ergibt sich aus der verringerten Wahrnehmung im Gefühlsbereich. Diese Erscheinung beschränkt sich nicht nur auf Rauchwaren sondern ist bei jeder Art von Suchtmittel erkennbar.

Meist liegt dem eine Erinnerung oder ein Verhaltensmuster zugrunde, die dem Menschen die vollkommene Öffnung seiner Gefühle verwehren und zusätzlich durch den Einfluss des Egos unterstützt werden.

Es gibt auf diese Art zu verstehen, dass es einfacher und somit auch sicherer ist, die Gefühle zu benebeln, um so den auftauchenden Belastungen aus dem Wege zu gehen. Das Ganze geschieht auf unbewussten Ebenen und die Befreiung von der Abhängigkeit fordert daher sehr viel Disziplin und Bereitschaft des Betroffenen.

Jetzt ist vielleicht offensichtlich, warum in diesem Fall die arcturianische Reinigung doppelt so lange dauert. Sind die grobstofflichen Energiemuster und Gebilde aber einmal entfernt, hat man gute Voraussetzungen,

das Laster in den Griff zu bekommen, um sich in weiterer Folge auch vollkommen davon zu lösen.

Bei diesem ersten Behandlungsabschnitt werden also grobstoffliche Verunreinigungen, die den Therapieverlauf behindern würden, entfernt.

Aber auch hier wird gewissenhaft auf das Karma des Einzelnen Rücksicht genommen. Oft gibt es, wie etwa bei Besetzungen, so tiefreichende karmische Verstrickungen, dass es nicht erlaubt ist, diese sofort zu lösen. Bei fortschreitender Behandlung kommt es aber, durch das schichtweise Abtragen festsitzender *Schlacken*, zu einer erhöhten Lichtzufuhr im Körper, das Bewusstsein wird erweitert und in Folge finden sich Möglichkeiten, auch diese Stolpersteine zu entfernen.

In jedem Abschnitt und bei jeder einzelnen Behandlung durch arcturianische Lichttherapie ist zu beachten, dass der Klient immer dort abgeholt wird, wo er sich in seiner spirituellen oder geistigen Entwicklung gerade befindet. Es wird sowohl auf die Tagesverfassung als auch den allgemeinen Zustand Rücksicht genommen. Daher kommt es nicht zu Situationen wo man das Gefühl hat, zu etwas gedrängt zu werden, zu dem man eigentlich noch gar nicht bereit ist. Bei jeder Sitzung wird die

Energieschwingung angehoben und der Bewusstseinszustand in Folge erweitert.

Alles geschieht sehr sanft und mit sehr viel Feingefühl und Wissen über den Entwicklungsweg jedes Einzelnen, der sich zu dieser besonderen Behandlung entschlossen hat.

Implantate und Codierungen

Der nächste Schritt ist die Entfernung aller Implantate und Codierungen, die für den weiteren Lebensweg nicht mehr nötig sind und ebenfalls im Ätherkörper platziert sind. Diese für den Hellsichtigen erkennbaren, oft sehr technisch anmutenden Vorrichtungen und Schaltstellen sind bei jedem Menschen vorhanden. Ein wichtiges Implantat ist zum Beispiel dafür verantwortlich, dass das Verbleiben des Menschen in der Dualität gesichert ist.

Es löscht unsere Erinnerung bei jeder Geburt, um das freiwillige Fortschreiten in der Entwicklung der aufeinander folgenden Erdenleben zu garantieren. Das Spiel ERDE wäre sonst nicht möglich. Niemand würde die materielle Welt, das Böse in allen Varianten und mit all seinen Folgen, akzeptieren. Mit dem Wissen der Unsterblichkeit hätten die vielen Gesichter der Macht keine Möglichkeit, zu manipulieren und zu wirken.

Ab dem Moment, wo der Einzelne bereit ist durch spirituelle Arbeit den Schleier des Vergessens zu lüften, kommt ein Prozess in Gang, der es ermöglicht, die Eigenverantwortung wieder zu übernehmen, Zusammenhänge klarer zu erkennen und den Weg zurück zur eigenen Göttlichkeit bewusst zu gehen.

Dieses Implantat wird abhängig zur Entwicklung belassen oder in der Funktion etwas verändert.

Entfernt werden jedoch Implantate, die uns noch an die 3. und 4. Dimension binden, sowie alle die gegen unseren Willen gesetzt wurden, um unsere Handlungen auf irgendeine Art zu beeinflussen oder zu steuern. Auch sind der freie Wille und das Karma, das für diese Inkarnation noch zu erledigen ist, immer zu beachten. Daher besteht jederzeit die Möglichkeit, bei späteren Clearings auf noch immer aktive Implantate zu stoßen, die durch die arcturianische Behandlung noch nicht gelöst werden durften.

Bei Implantaten und Codierungen gilt es zu unterscheiden, ob sie für die arcturianische Lichtarbeit hinderlich sind oder in irgendeiner Weise negativen Einfluss darauf nehmen oder es sich um Dinge handelt, die im Laufe des Lebens durch verschiedenste Erfahrungen und Entwicklungen zum Vorschein kommen, um dann erlöst zu werden. Es ist bereits eine Codierung, wenn ich mir ständig sage: „Ich darf nicht, weil ….!". In diesem Fall liegt es an mir selbst, durch Beachtung des gesprochenen Wortes die Reinigung und Befreiung vorzunehmen.

All die von den Arcturianern entfernten, grobstofflichen Blockaden, werden in Liebe aufgelöst und transformiert.

Meridiandurchlichtung

Die anschließende Meridiandurchlichtung ermöglicht der Energie, wieder frei, durch die zuvor noch durch Ablagerungen und Verdichtungen blockierten, feinstofflichen Linien im Körper zu fließen. Dadurch wird der ganze Körper energetisiert und durchlichtet und man kann förmlich spüren, wie man sich von Behandlung zu Behandlung wohler und gesunder fühlt.

Emotionalkörper

Im nächsten Abschnitt, der oft mehr als 26 Wochen umfasst, wird die Reinigung auf alle feinstofflichen Körper ausgedehnt.

Der emotionale, der mentale und der spirituelle Körper werden nun von den grobstofflichen Belastungen und Ablagerungen, die man als dunkle Flecken oder Schleier erkennen kann, gereinigt.

Das Feld des Emotionalkörpers ragt ca. 50 cm über den physischen Körper hinaus. Er ist Träger unserer Gefühle, Emotionen und auch Charaktereigenschaften. Er spiegelt sich in unserer Aura als ein Farbenspiel, das abhängig von seinem Zustand aus hellen und strahlenden als auch stumpfen und matten Farben bestehen kann. Jede Gefühlsregung ist für den Sichtigen sofort als Farbveränderung erkennbar und somit können auch Blockaden und Verletzungen als Vergrauung oder Verschmutzung der Farbe, als dunkle Flecken oder sogar als Löcher oder Risse zu sehen sein. Hier sind auch alle Erinnerungen der Vergangenheit gespeichert.

Unerlöste, hier eingeschlossene Gefühle erzeugen eine Substanz, die sich mit Kleister oder Teer vergleichen lässt. Sie hat sich durch die vielen Inkarnationen immer mehr verdichtet und eine Schicht aufgebaut, die nur sehr schwer zu lösen ist und zusätzlich bewirkt, dass immer wieder die gleichen negativen Erfahrungen gemacht werden. Gleiche Schwingungen gehen miteinander in Resonanz, daher hat jemand, der im Außen immer wieder mit dem gleichen Thema, wie zum Beispiel Verlassenwerden, Aggression oder Wut, konfrontiert wird, diese Gefühle noch in sich gespeichert.

Eine Veränderung der Situation kann erst durch eine Schwingungserhöhung im Körper erreicht werden, und daher ist es nötig, Energie und Gefühlskleister zu lösen und zu entfernen, um Gesundheit und Wohlbefinden als auch spirituelles Wachstum zu erfahren.

Wie gesagt, die größten Belastungen sind in unserem Emotionalkörper gespeichert. Die Löcher und Risse haben ihren Ursprung in den vielen Verletzungen, die wir bereits in vielen Leben erlebt haben und die wir so immer auf der unbewussten Ebene mit uns tragen.

Aufgrund der starken Verbindung von Emotional-, Äther und physischen Körper kommt es bei diesen Behandlungen oft zu sehr starken körperlichen Reaktionen.

Jeder kennt seine Schwachstellen, die bei Krankheit zuallererst reagieren. Bei einem ist es das Verdauungssystem, das sich mit Durchfall oder Erbrechen bemerkbar macht, beim Anderen der Atmungstrakt mit Halsschmerzen oder Husten. Oft treten Schmerzen auf, die stechend, ziehend oder brennend sein können. Es gibt die verschiedensten Varianten und Erscheinungsbilder. In den meisten Fällen sind sie die unmittelbare Folge des Hochkommens alter Erinnerungsmuster an Situationen die sehr gefühlsbehaftet waren, wie zum Beispiel solche mit Todesfolge und die jetzt durch ihre Transformation zu Entgiftungserscheinungen des Körpers führen.

(Ich persönlich litt öfters an für mich völlig überraschend auftretenden Fieberblasen, die ich aber bald als Begleiterscheinung von sehr tiefsitzenden Gefühlen, die immer mit verschiedenen Formen von Selbstwert zu tun hatten, erkannte).

Bei manchen Klienten kommt es auch vor, dass der Körper während der Behandlung durchgeschüttelt wird. In der sanfteren Form ist es ein starkes Zittern oder plötzlicher Hitzeschub. Dies scheint ein arcturianisches Werkzeug oder Hilfsmittel zu sein, um besonders festsitzende Blockaden zu lockern und zu lösen. Danach verspürt man jedenfalls eine große Erleichterung und Befreiung.

In den 10 Monaten wird es wahrscheinlich, oft nach der Arbeit mit dem Emotionalkörper, dazu kommen, dass sich Situationen ergeben, die das Thema der letzten Behandlung widerspiegeln.

Wenn das zum Beispiel Aggression war, wird nun mein Umfeld mich vermehrt mit diesem Gefühl konfrontieren. Man wird sich in Situationen wieder finden, die einem sowohl die Entstehung als auch den Ablauf und das Verhalten bei Aggression vor Augen führen. Es ist der Spiegel meiner Seele, die mir nun die Möglichkeit gibt, mich in Liebe von diesem Gefühl zu verabschieden.

Ein gereinigter und ausgeglichener Emotionalkörper bedeutet mehr Lebenskraft, man ruht in seiner Mitte und lässt sich durch äußere Umstände nicht mehr aus der Ruhe bringen. Man geht nicht mehr in Resonanz mit den

Verhaltensmustern seines Umfeldes und kann so in seiner eigenen Kraft bleiben.

Durch die Energiearbeit im Emotionalkörper kommt sowohl in den feinstofflichen Bereichen als auch im physischen Körper einiges in Bewegung. Die entstandenen Löcher werden mit Licht gefüllt, die alten tief sitzenden Gefühle werden an die Oberfläche gebracht und transformiert, Verletzungen der Aura werden geschlossen und geheilt. Jeder hat sein Tempo, mit den Veränderungen klar zu kommen. Daher wird auch der Behandlungsablauf darauf abgestimmt.

In der Folge wird für den Emotionalkörper ein 3 Wochenrhythmus vorgesehen. Dazwischen gibt es verschiedene Arten von Akupunktur und 3- bis 4-mal die Arbeit am Mentalkörper.

Akupunktur

Akupunktur wird bei der arcturianischen Lichtbehandlung als erfolgreiches Werkzeug zur Behandlung der vielen Blockaden im Körper eingesetzt. Es wird in diesem Fall nicht mit den bekannten Nadeln gearbeitet, sondern für mit für uns nicht sichtbarer Kristallenergie.

Bei der Behandlung werden von arcturianischer Seite viele unterschiedliche Methoden eingesetzt, um den feinstofflichen Bereich wirkungsvoll zu bearbeiten. Eine davon ist zum Beispiel ein Gerät, das einem Körperscanner sehr ähnlich ist. Dieser hat einen Durchmesser von ca. 2m, besteht aus einem transparenten, sich ständig bewegenden Material und hat Millionen kleinster Auslässe, durch die verschiedenste Farbstrahlen punktgenau auf den Körper treffen. Meist bündeln sich diese Strahlen an gewissen Stellen, zum Beispiel auch an uns bereits geläufigen Meridianen und Akupunkturpunkten und verursachen dort bunte Farbmischungen, die im physischen Körper als Wärme oder Druck wahrgenommen werden. Je stärker das Empfinden, desto größer die Blockade.

Rund um die Röhre kann man viele sich in Form und Farbe unterscheidende Kristalle erkennen. Sie sind in verschieden großen Abständen angebracht und werden in gewissen Sequenzen aktiviert, wodurch sich optisch erkennbare, symmetrische Muster ergeben.

Jedes mal wenn der Strahl auf eine Blockade trifft, vergleichbar mit einem Kurzschluss, entsteht ein Farbschauspiel, wie man es von diesen elektromagnetischen Kugeln kennt, die bei Berührung mit Farbblitzen reagieren, die alle an einem Punkt zusammenlaufen. Hier wird mit einer Energie gearbeitet, die uns Menschen noch weitgehend unbekannt ist. Die bekannte Wirkungsweise des Kristalls wird in hoch entwickelter Form angewandt.

Abschnitt für Abschnitt wird durchgescannt und bei jeder Behandlung geht man einen Schritt tiefer, um bis zum Ende wirklich allen *Müll* aus dem Körper entfernt zu haben.

Mentalkörper

Während dieses 10-monatigen Prozesses werden 2/3 der Gifte aus unserem Körper entfernt. Ein sehr hoher Anteil davon ist im Mentalkörper gespeichert.

Der Mentalkörper durchdringt den Emotional- und Ätherkörper und reicht etwa 70 cm über den physischen Körper hinaus. Er erstrahlt in verschiedenen Gelbtönen, die hier die geistige Verfassung des Menschen reflektieren. Gedankenformen erscheinen als geometrische, dreidimensionale Figuren.

Bei der Arbeit am Mentalkörper werden Gedanken, Gedankenformen und Strukturen aus verschiedenen Leben gereinigt. Kein Gedanke geht verloren, weder der positive noch der negative. Somit ist klar, dass dieser Speicher randvoll ist.

Des Menschen höhere Entwicklung, die ihn auch von den Tieren unterscheidet, liegt in seinem geistigen Fortschritt. Er beschränkt sich nicht nur auf Triebe und niedere Gefühle sondern hat die Fähigkeit, sie auch durch seine Gedanken zu steuern und zu fördern. Das hat der Menschheit viele Fortschritte ermöglicht, aber für den Einzelnen bedeutete es immer die Auseinandersetzung mit seinem Verhalten. Ab dem Moment, wo Karma zu wirken begann, musste etwas geschehen. Da bildeten sich unterschiedliche Gedankenstrukturen, die auch sehr stark vom Ego beeinflusst waren und Verhaltensmuster, die unseren weiteren Inkarnationsverlauf sehr stark prägten.

Alle diese Muster sind im Mentalkörper gespeichert. Wir behaften sie mit Gut oder Böse und geben ihnen so Dynamik.

Wir bewerten. Dadurch kommt es zur Unterdrückung der *schlechten* Gedanken, die aber nicht verschwinden, sondern sich im Gegenteil, gut versteckt verselbständigen. Jeder hat sich schon in Situationen wieder gefunden, wo er, vielleicht sogar unerwartet, sehr emotional und unbedacht gehandelt hat. Hier ist dann einfach der Moment, wo der Druck im Speicher zu groß geworden ist und sich diese, mit Luftblasen vergleichbaren, unterdrückten Gedanken an die Oberfläche kämpfen und so Überreaktionen erzeugen.

Jede Erfahrung bleibt gespeichert, solange bis man bereit ist, sie anzusehen und/oder sie loszulassen. Gedanken beeinflussen und steuern alle Emotionen. Jedes Vorurteil, jede Abneigung, jeder Mensch dem ich mit Ablehnung begegne, alles hat tiefe Wurzeln, die weit in die Vergangenheit bis zum Ursprung reichen.

So werden in der Behandlung des Mentalkörpers nun Gedanken aus allen Seinsstufen gereinigt und wenn nötig entfernt.

Der Grund, warum diese Behandlung nur 3- bis 4-mal vollzogen wird, liegt darin begründet, dass die Gedankenstrukturen bei den Menschen nicht so vielfältig sind, jedoch die ausgelösten Emotionen ein sehr großes Spektrum beinhalten. Jede Seele hat bestimmte ursprüngliche Charaktereigenschaften mitgebracht. Diese sind wie Leitschienen zu sehen, die ihren Handlungsspielraum, den sie sich gesetzt hat, begrenzen. So hat jeder eine Grundschwingung. Als Beispiel, es gibt die mutigen, draufgängerischen Seelen sowie die sanfteren, abwartenden. Die erstere wird überall mit vorne dabei sein, alles ausprobieren, mit viel aktiver Macht konfrontiert sein und sich heftigere Situationen erschaffen, die tiefere und anders gelagerte Narben hinterlassen, als die zurückhaltende abwartende Seele. Diese wird eher der Mitläufer und Mittäter sein, aber trotzdem muss sie die geschaffenen Themen wieder erlösen.

So erkennt man die breit gefächerte Palette, die uns Menschen ausmacht. Jeder trägt seine, ihm eigenen besonderen Muster. Diese vielen Lebenserfahrungen kann man als die Spielvarianten sehen, die uns das Leben auf der Erde zu bieten hat und bei vielen jetzt bereit sind, erkannt und aufgelöst zu werden, um zum Ursprung zurückzukehren.

Daher läuft der Behandlungsrhythmus nach bestimmten Vorgaben ab.

Nach einer Sitzung Mentalkörper wird in dreiwöchigen Abständen der Emotionalkörper gereinigt, dazwischen erhält man die Akupunktur, wo alles an Altlasten noch zusätzlich abtransportiert wird.

Somit wird der feinstoffliche Körper von innen nach außen gesäubert. Jeder aufkommende Gedanke wird erkannt und in weiterer Folge mit seinen feinen Wurzeln und Fäden bis zur Ursache herausgelöst. Auf diese Art und Weise entfernte Strukturen kommen wirklich nachhaltig zum Verschwinden und das erklärt auch, warum man die 10 Monatstherapie in keinem Fall unterbrechen sollte, da es dadurch zu einem sofortigen Rückfall in eine tiefere Schwingung und einen Energieabfall bedeuten würde und dies das Wohlbefinden des Einzelnen stark beeinflussen könnte.

Spiritueller Körper

Am Ende der Zykluses steht dann der spirituelle Körper.

Der spirituelle oder Kausalkörper besitzt die höchste Schwingung aller Körper. Er hat die Form einer riesigen strahlenden Kugel, die von 1m bis zu mehreren Kilometern (abhängig von der geistigen Entwicklung) über den physischen Körper hinausstrahlt.

Je klarer die unteren Körper sind, desto heller scheinen seine pastellfarbenen Töne. Wenn alle Chakras auf allen Stufen gereinigt und geöffnet sind, strömt bedingungslose Liebe. Hier kommunizieren wir auch mit der geistigen Welt, unserem eigenen Lichtkörper und unserer Seele. Alle Informationen stehen uns hier zur Verfügung und werden erst durch die Filter, deren Funktion in den anschließenden Körpern liegt, an unser Bewusstsein angepasst. Das bedeutet, je heller wir strahlen und je mehr die Reinigung aller Ebenen fortgeschritten ist, desto mehr Informationen können wir empfangen.

Eine Reinigung des spirituellen Körpers ermöglicht daher eine Anpassung an ein höheres Energieniveau und ab diesem Zeitpunkt wird die vorangegangene Arbeit durch eine Anhebung des Energieniveaus versiegelt.

Es handelt sich um die erste arcturianische Einweihung.

Viele verschlossene Kanäle werden damit geöffnet, man bekommt wieder Zugang zu seinem geistigen Wissen, der Intuition und der Klarheit, welche durch die Verunreinigung der anderen Körper blockiert waren. Die Angst, hat die Zugänge wie ein Torwächter versperrt und gibt jetzt den Weg frei.

Es ist eine Verankerung, die jedem seine göttliche Verbindung wieder in Erinnerung ruft und so auch dem Menschen auf seinem Lichtweg wieder in größerem Ausmaß zur Verfügung steht.

(Für mich persönlich war diese Anhebung ein Meilenstein. Meine Feinfühligkeit und Hellsichtigkeit hat sich danach um ein Vielfaches verstärkt. Die Bilder wurden klarer und auch die empfangenen Botschaften waren mit wesentlich mehr Liebe erfüllt. Weiters ergaben sich unzählige neue Wege, für die ich davor noch nicht bereit gewesen war, da mir einfach der Mut, die Zuversicht und das Vertrauen gefehlt haben).

Emotionen und Glaubenssätze

Wenn man bereit ist, seine Lichtbehandlung mit den Arcturianern fortzusetzen, ist man in diesem Abschnitt aufgefordert, aktiv mitzuwirken.

Die Arbeit an Emotionen und Glaubenssätzen, die in vierwöchigen Abständen von Kristallanhebungen begleitet sind, sieht vor, dass sich der Einzelne mit seinen Themen auf der bewussten Ebene auseinander setzt.

Für die Therapieeinheit bringt man einen Glaubenssatz mit, der entweder im Moment vermehrt auftritt oder Teil alter Verhaltensmuster und Emotionen ist und einen schon lange Zeit begleitet.

Diese Arbeit erfordert Selbstkritik und Ehrlichkeit und ab jetzt zeigen sich persönliche Bereitschaft und Einsatz. Es ist nicht immer leicht, seinen Mustern auf die Spur zu kommen und sie dann auch öffentlich zu machen und sie auszusprechen. Viel steht mit jeder einzelnen Emotion in Verbindung, nicht nur das Offensichtliche, sondern auch die vielen feinen Fäden, die soweit in die Tiefe der Seele reichen und deren Verfolgung einfach Arbeit bedeutet. Arbeit im Unbewussten als auch im Leben, durch die Konfrontation mit den aufgespürten Themen, in Situationen wo man gezwungen wird zu reagieren und weiterzuarbeiten.

Diese Disziplin und Bereitschaft wird aber gefordert, da sonst das Ego nicht überzeugt und in seine Schranken gewiesen werden kann.

Es stehen auch Farbkarten zur Verfügung, worauf grafisch die Entsprechung der Emotion im Körper zu finden ist. Dadurch fällt es manchmal leichter, gut versteckte Gefühle aufzuspüren, die einfach nur durch Krankheitssymptome an Organen oder durch körperliche Schwachstellen zu finden sind.

Es gibt dabei aber auch die Möglichkeit, seine Intuition einzusetzen und spontan zu wählen. Gerade bei Themen (passierte bei mir selbst, bei der Trauer), die uns vermeintlich *kalt*-lassen, kommen starke Prozesse in Gang.

Man kann hier wieder das Beispiel mit der klebrigen Masse zu Hilfe nehmen. Stellt man sich vor, dass sowohl im Körper als auch in den feinstofflichen Bereichen eine teerige Masse zwischen den Zellen und Molekülen steckt, die diese daran hindert, sich einer höheren Schwingung anzupassen.

Schon in den ersten Monaten wurde viel Müll gelöst und entfernt. Jedoch halten die Strukturen immer noch fest und werden jetzt durch spezielles Beleuchten immer weicher und löchriger gemacht. Die starre Verbindung – der harte Teer – hat sich erst durch unsere vielen Inkarnationen aufgebaut.

Eigentlich waren wir strahlende Lichtwesen, als wir zum ersten Mal am Spiel der Liebe auf der Erde teilnahmen, doch durch die Erfahrungen, egal ob gut oder böse, sanken wir immer tiefer in die Materie und die Masse, die unsere Zellen am Schwingen hinderte wurde immer dichter. Nur so konnten wir dabeibleiben. Aber es kam zum Moment der Umkehr. Am tiefsten Punkt angelangt erkannten wir einen Funken von Licht, den wir wieder erreichen wollten und der Aufstieg begann.

Hier stehen wir jetzt. Bereit, uns mit dem Alten auseinanderzusetzen und alte Schlacken zu lösen, um unsere Ursprungsbestimmung wieder anzunehmen.

Durch die Arbeit beginnt sich die Schwingung zu erhöhen, der Teer wird weich und löchrig und weniger, die Zellen schwingen schneller und man kann eine Stufe höher steigen. Bei jeder Kristallanhebung wird diese neue Ebene fixiert; und somit auch gewährleistet, dass man nicht mehr in die tiefere Schwingung zurückfällt. Es muss ein langsam fortschreitender Prozess sein, da bei der Behandlung von arcturianischer Seite diese Schwingungserhöhung permanent unterstützt und alle nötigen Reinigungen parallel in den Körpern vorgenommen werden, um es dem irdischen Anteil erträglich zu machen.

Kristallanhebung

Bei der Kristallanhebung wird dieser Energiepegel nun gehalten und die Schwingung fix angepasst. Würde man die Anhebung in kürzeren Abständen vornehmen, könnte unser Körper nicht mithalten. Es käme zum Verfall und im fiktiven Extremfall zu einem „Auseinanderfallen" oder der Auflösung desselben. Wie bei jedem anderen Gegenstand, man kann ihn nur schütteln, solange seine Moleküle zusammenhalten, wird die Frequenz zu hoch, bricht er auseinander und genau dasselbe würde mit dem Körper geschehen. Wird aber die Struktur dazwischen geschmeidig gemacht, verringert oder aufgelöst, bleibt er beweglich und nichts kann passieren. Die begleitende Arbeit und Zeit ist unbedingt erforderlich. Daher auch die langsame immer gewissenhafte Abstimmung auf den Einzelnen, die von arcturianischer Seite beeinflusst und gesteuert wird.

Trotzdem hat man nach einer Kristallanhebung oft das Gefühl, ganz kribblig und voller Energie zu sein. Es wird aber immer als sehr angenehm und aufbauend empfunden, da es gleichzeitig mit viel Licht und einem hohen Glücksgefühl verbunden ist.

Ziel der Behandlung

Was wird getan *(Ruth)*

Bei jedem meiner Klienten ist eine Entwicklung zu erkennen.

(Auch wenn die Auswirkungen der Therapie nicht sofort offensichtlich sind, kommt es doch zu Veränderungen in der Sichtweise und dem Bewusstsein, welches sich immer mehr ausweitet.)

Im Laufe der ein bis zwei Jahre geschieht sehr viel.

Nach einer Behandlung des Emotionalkörpers mag es sein, dass es zu Veränderungen in Umfeld und Familie kommt (die aber immer zum Wohl des Einzelnen geschehen, keine Veränderung erzeugt Probleme, die ich nicht bereit bin zu tragen und anzunehmen).

Es verändert sich die Stimmung und Haltung zu meinen Lebensthemen und man merkt, dass das Umfeld vermehrt meine Probleme und die in der Therapie gelösten spiegelt.

Somit habe ich die Möglichkeit, sie auch im Außen zu erkennen und aufzulösen.

Es ist nicht so, dass man Woche für Woche zu einer Behandlung geht, die einfach nur angenehm ist, im Gegenteil, man wird, passend zur Bereitschaft, gefordert mitzuarbeiten und aktiv auf dem Lebensweg vorwärtszugehen.

Dieser wird wunderbar ausgeleuchtet, die Steine die den Weg versperren werden sichtbar gemacht und bei der Entfernung wird liebevoll Unterstützung geleistet.

Die alten Denkungsweisen verlieren ihre Wirkung, sie ziehen nicht mehr in die Tiefe. Die alte, dichte Energie, die der Veränderung hinderlich war, bleibt zurück und der Weg erscheint frei und unbelastet. Durch das Erkennen und Ablegen der Bewertung wird alles akzeptiert und im Licht der Liebe angenommen. Von uns bekommt ihr dazu die größtmögliche Unterstützung, um diesen Lichtwerdungsprozess zu durchschreiten. Es reicht aus uns zu bitten, damit wir Euch mit Eurer Erlaubnis begleiten dürfen.

Wir erkennen die Arbeit die Ihr leistet, an der Veränderung des Lichtes das um Euch erstrahlt und wir anerkennen dabei auch Euren Mut und Eure Leistung. Wir sind den Weg lange vor Euch gegangen und wissen, was es bedeutet, sein Herz zu öffnen ohne die Angst, die bisher Teil von Euch war.

Für jeden, der sich für den Prozess entscheidet, kommt es zu Veränderungen, die weit über seine Vorstellungskräfte gehen. Das Licht, das nun zu Eurem Körper vordringen kann, ermöglicht ein Leben mit mehr Gesundheit, Kraft und vor allem Liebe. Ihr werdet zu Lichtbringern, die den Funken weiter tragen und damit Eure Mitbrüder und Schwestern unterstützt und letztendlich zum Aufstieg der gesamten Menschheit und dem Planeten Erde Beitrag leistet.

(arcturianischer Beitrag, gechannelt)

Die arcturianische Lichtarbeit hat nicht nur zum Ziel, den Lichtkörper zu aktivieren und den physischen Körper zu stabilisieren, um ihn frei von Krankheiten zu halten, es ist eine wunderbare Heilmethode, weil dabei am feinstofflichen Körper gearbeitet wird und dadurch Dinge an der Wurzel erkannt und durchlichtet werden.

Denn die Ursache jeder Krankheit sind die Emotionen, die Glaubenssätze, einfach das gesamte von der Dualität und dem Ego belastete Gedankengut.

Reaktionen - Was spürt man?

Erst dann, wenn man bereit ist, sich dem Lichtkörperprozess zu öffnen und alle hinderlichen Erinnerungen entfernt sind, kommt es zu Wahrnehmungen.

Meist sind diese in den ca. 10 Monaten hauptsächlich körperliche Wahrnehmungen, die der Klient verspürt. Oft auch während der Zeit, wo ich den Raum verlasse, merken meine Klienten, dass an ihrem Körper gearbeitet wird. Die Bandbreite reicht vom Durchgeschütteltwerden, Druck an verschiedenen Stellen des Körpers, ein plötzlicher Schmerz oder einfach das Gefühl, da wird was getan. Da ich niemals selbst in Berührung mit dem Körper komme, ist es fast wie ein Beweis, dass die Arcturianer wirklich am Menschen arbeiten.

Bei der Meridiandurchlichtung treten immer wieder sehr große Glücksgefühle auf und einige berichteten mir von verschiedenen Farben, die sie sehen konnten. Speziell die Farbe blau - arcturianische Energie - ist oft durch ein kräftiges, kühl wirkendes dunkelblau, das mit einem silbrigen Schimmer durchzogen ist, zu erkennen, wird im Zusammenhang mit dem Wahrnehmen der Arcturianer genannt.

Es kommt immer darauf an, wie feinfühlig und wie offen man ist, trotzdem ist sicher, es wird getan.

Arcturianische Behandlungsmethoden

Für den Hellsichtigen bietet sich hingegen ein ganz anderes Bild.

Hier werden viele verschiedene Behandlungsmethoden erkennbar.

Zum einen arbeitet der irdische Therapeut mit feinstofflichen Lichtkugeln, die abhängig von der Behandlung in verschiedenen Farben erstrahlen.

Diese werden über den Körper gerollt und bringen so Energie hinein.

Auf der Raumstation ist dieses Bild noch wesentlich spektakulärer. Dieses Kugelrollen nimmt das Ausmaß von Seifenblasen in einer Waschmaschine an. Der feinstoff-

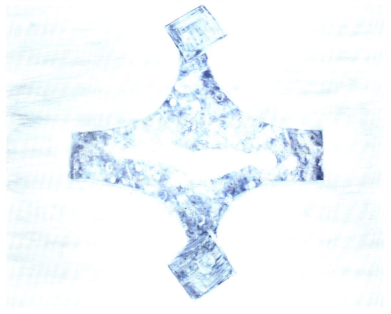

liche Körper wird richtig durchgeschrubbt und alle lösbaren Ablagerungen entfernt.

Die beiden Begleiter haben ihre Position rechts und links des Körpers eingenommen und überwachen jede Reaktion. Die Gesamtüberwachung befindet sich zentral am Ende des Raumes oder bei den späteren Behandlungen außerhalb des Behandlungszimmers hinter einer Glasscheibe.

Der blau schimmernde, feinstoffliche Körper liegt auf einem Bett, das offensichtlich aus Energie besteht, kein tragendes Material ist erkennbar. Im Moment des Behandlungsbeginns umschließt eine glasartige Substanz oder Energie diesen Bereich und gewährleistet dadurch eine störungsfreie Zone.

Zu Beginn wird mit kleinen Kreisen oder Kugeln gearbeitet. Man liegt in einer Art Röhre und ist daher vollkommen von diesen umhüllt. Nun wird der Energiekörper durchgerüttelt und geschüttelt. Die während des Verlaufs immer größer werdenden Kugeln reiben aneinander und entfernen die anfallenden Verunreinigungen.

Zusätzlich erkennt man einen Zu- und/oder Abfluss an der Unter- und Oberseite der Röhre, an dessen beider Ende ein ziemlich großer Kristall zu erkennen ist, der offensichtlich die Zufuhr der Energie gewährleistet.

Gegen Ende der Arbeit werden die Bewegungen der Farben und Kugeln immer langsamer, harmonischer und ausgeglichener, bis sie vollkommen zum Stillstand kommen. Dann liegt man noch eine Zeit in einem unbeschreiblichen Licht, das wesentlich mehr Farben enthält, als wir bewusst schon jemals gesehen haben.

Am Ende kommt der Therapeut wieder in den Raum und nimmt noch die Verankerung der feinstofflichen Arbeit im Körper vor.

Die Arbeit an den Emotionen und Glaubenssätzen unterscheidet sich etwas. Nun werden nicht mehr Kugeln verwendet, sondern ausschließlich die verschiedenen Energien der Kristalle, die punktgenau arbeiten. Energie wird zugeführt und die zu bearbeitenden Stellen treten damit in Resonanz. Alle Gefühle, die jetzt hochkommen, haben ihren Ursprung hauptsächlich in den Gedankenstrukturen und werden sehr stark in den dazugehörigen Organen wahrgenommen. Auch die Chakren machen sich durch Temperaturveränderungen im physischen Körper bemerkbar.

Einen großen Unterschied macht der besondere Raum, der für diese Sitzungen genützt wird. Eigentlich hat es den Anschein, dass man sich im Inneren einer Kristalldruse befindet. Immer ist die Farbe passend zum gewählten Thema. Die feinen Kristallspitzen an den Wänden sprühen förmlich das Licht in alle Richtungen und unterstützen so das Verfahren.

Hier ziehen sich die beiden Betreuer an den Rand des Geschehens zurück. Ganz an der Wand direkt vor der Glasscheibe stehen sie, immer mit dem Blick auf den transparenten raumfüllenden Monitor gerichtet, der sich auf der anderen Seite des feinstofflichen Körpers befindet. Hier laufen, wie schon einmal berichtet, alle Gedanken des Klienten parallel in Bildern ab und gewährleisten die ständige Überwachung und die Möglichkeit des Eingreifens durch die Arcturianer.

Auch hier folgt auf den aktiven Teil der beruhigende ausgleichende Abschnitt. Jetzt werden durch den Prozess entstandene Verletzungen und Unebenheiten geheilt und geglättet, anschließend liegt man nur in dem Licht und genießt Heilung.

Besonders erwähnen sollte man noch die verschiedenen Kristallanhebungen. Hierfür betritt man Räume, die wie das Innere ägyptischer Pyramiden wirken. Es ist meist ziemlich dunkel und nur in der Mitte befindet sich ein sehr heller, leuchtender, kreisförmiger Platz.

Hier steht ein Ding, das dem Aussehen eines Lehnstuhls sehr nahe kommt und aus diesem außerirdischen verformbaren Material besteht. Abhängig vom Behandlungsschritt liegt, sitzt oder steht man dort. Meist wird dieser Teil in eine sehr starke Drehung versetzt, die die Wirkung einer Zentrifuge hat. Alles Lösbare trennt sich und am Ende fließt sehr hohe Energie aus der Spitze des Raumes durch den Körper hindurch.

Die Lage des Körpers ist abhängig von der Stärke der Energie. Je weiter man in dem Prozess gegangen ist, desto senkrechter ist die Position, wahrscheinlich wird so auch die Energiezufuhr gesteuert. Bis man vollkommen aufrecht stehend, mit seitlich ausgestreckten Armen eine geometrische Figur bildend, die durch die Bewegung zum Kreisel wird, selbst wie ein Kristall zu strahlen beginnt. Bei diesem Prozess sind wesentlich mehr Arcturianer im Raum anwesend, um das Geschehen zu führen und zu begleiten. Arbeit mit dieser Energie scheint wirklich etwas Besonderes zu sein, sowohl für den der sie erhält, als auch für den der sie weitergibt.

Emotionen und Glaubenssätze

Einführung

Die folgenden Berichte und Erzählungen sind Teil meiner persönlichen Erfahrung während der Sitzungen.

Sie haben mir sehr geholfen, viele der Verhaltensmuster in ihrer Komplexität zu verstehen.

Vielleicht kannst du dich, lieber Leser, in einigen der Emotionen und Verhaltensmuster wieder erkennen. Trotzdem ist jeder von uns *einmalig* und die Behandlung immer ganz genau auf den Einzelnen abgestimmt.

Ich war in regelmäßigen Abständen auch bei den Sitzungen einer Freundin dabei. Es war ein Experiment, bei dem ich die Rolle des Kanals und des Begleiters übernehmen durfte. In dieser Position bekam ich die Informationen und die Bilder noch viel umfangreicher zur Verfügung gestellt. Außerdem hatte ich die Möglichkeit, bei den Arbeiten Fragen zu stellen, die mir oft sehr ausführlich und mit vielen Beispielen und Zusammenhängen beantwortet wurden.

Da wir meist dieselben Themen wählten, war der direkte Vergleich mit meiner Behandlung sehr aufschlussreich, denn die Vorgehensweisen waren trotzdem immer sehr unterschiedlich.

Bereits der Behandlungsraum präsentierte sich in einer anderen Farbe und Kristallstruktur. Die Muster, welche die Energiefarben bildeten, zeigten, dass andere Chakren Auslöser für das Verhalten waren.

Jedoch führte das Ergebnis immer zur gleichen Aussage und Lösung.

Somit kommt wieder ganz deutlich zum Ausdruck, dass jeder Einzelne seinen besonderen Auftrag für das Leben mitbekommen hat, und diese unzähligen Wege am Ende die Gesamtheit ausmachen.

Niemand handelt schlecht oder falsch, sondern jeder geht seinen Weg auf die Art und Weise und mit der Geschwindigkeit, die er sich gewählt hat.

Wir entschließen uns auch freiwillig für die Arbeit mit den so genannten Außerirdischen.

Lange bevor wir uns mit dem irdischen Bewusstsein für die arcturianische Lichtarbeit entscheiden, hat unsere Seele dafür die Zustimmung gegeben. Auf den für uns unbewussten Ebenen, wie zum Beispiel im Schlaf, treten wir in Kontakt und legen mehr oder weniger die weitere Vorgehensweise fest. Ab diesem Moment beginnen die verschiedenen Teams auf der Raumstation, den perfekt mit unserem Bewusstsein abgestimmten Arbeitsplan zu erstellen. Diesen kann man mit einer Lochkarte vergleichen, die in einer langen und gewissenhaften Vorbereitungszeit speziell für jeden erstellt wird. Sie ist bei jeder Behandlung vorhanden und Entwicklung und Fortschritt werden auf den aktuellen Stand gebracht.

Für jede Energie gibt es ein bestimmtes Muster sowohl in Farbe, Form und Kristallenergie als auch für die Intensität der Arbeit, Lage des Körpers, Umgebungsstrahlung und vieles mehr.

Ganz egal, wann wir uns für die Behandlung entscheiden, es ist immer der richtige Moment, da jeder Kontakt mit den arcturianischen Freunden etwas Schönes und Besonderes ist. Sie geben ihre lichtvollen Erfahrungen liebevoll an uns weiter, und wir können uns auf ihre ganzheitliche Versorgung jederzeit verlassen.

Nicht entscheiden können

Diese Energie bewegt sich sehr schnell zwischen Solar Plexus und Halschakra hin und her.

Überraschenderweise ist das Thema der auftauchenden Bilder immer das dogmatische Verhalten und die damit gleichzeitig ausgelöste Machtlosigkeit.

Es sind sowohl Ausschnitte aus meinem heutigen Leben, wo ich die Konfrontation mit meinen verschiedenen Wegbegleitern wie Eltern, Freunden und Kindern sehe, als auch Erlebnisse aus der weit zurück liegenden Vergangenheit früherer Leben.

Immer fühle und sehe ich die Bedeutung beider Zeiten.

Jetzt ist es meine Aufgabe, auf keinen Fall die Haltung von starrer, dogmatischer Macht anzunehmen. Aus diesem Grund gab es bereits in meiner Kindheit mehr Erlebnisse, die in den Bereich „Opferrolle" fielen, und ich durfte lernen wie es sich anfühlt.

Nun kommt die Unentschlossenheit aus der Angst und Sorge, wieder in den Missbrauch der Macht zu gehen.

Die Lösung finde ich, indem die gesamte Aufmerksamkeit ausschließlich ins Herzzentrum geleitet wird, und ich einfach fühle was der Mensch braucht oder will, und vor allem auch darauf zu achten, was für mich selbst stimmig und gut ist, ohne dabei mein negatives Ego mit einzubeziehen.

Stabilisieren kann ich den schönen Zustand, indem ich mit meiner Aufmerksamkeit eine Stufe tiefer gehe.

Das entspricht im Chakrensystem dem Solar Plexus.

Da befinde ich mich ganz in meiner Mitte und kann meine Handlungen ruhig und bewusst treffen. Jede Unsicherheit und jedes Zittern in meiner Stimme, das mich früher so oft an meiner ehrlichen Aussage und Meinung behindert hat, verschwindet jetzt, da ich durch mein offenes Herzzentrum gar nicht in der Lage bin, etwas Falsches oder Verletzendes zu sagen. Im Grunde war das immer der Ursprung meines „nicht entscheiden können".

Meine Gedanken dazu waren immer: Ich tu etwas ohne die Zustimmung des Anderen, der mag das vielleicht gar nicht, ich entscheide mich für das Falsche, oder aber der wichtigste Punkt, die Entscheidung die ich treffe, wird von Anderen abgelehnt.

In dem Moment dieser Erkenntnis nahm ich plötzlich die Farben im Behandlungsraum wahr. Er strahlte in einem wunderschönen Lavendelblau. Mir wurde erklärt, dass sich diese Farbe aus dem Blau des Willens und der Sprache als auch aus dem Rosa der Herzenswärme zusammensetzt, und somit für die Arbeit an dem Thema nötig ist.

Abgrenzung

Ich bin im Behandlungsraum und sehe meinen feinstofflichen Körper eingehüllt in ein rotes, rosa und grünes Energie - Ei. Das wäre der Idealzustand für Abgrenzung im täglichen Leben.

Jetzt wird diese Farbhülle um mich herum hergestellt, damit an diesem Thema gearbeitet werden kann.

Ich sehe wie Energie zu fließen beginnt, innerhalb und außerhalb dieser Schichten.

Nun wird mir mein Verhalten im täglichen Leben gezeigt.

In dem Moment wo jemand auf mich zukommt, der mir Nahe steht oder etwas bedeutet, aber auch Klienten mit denen ich arbeite, geht ein Energieimpuls von meinem Solarplexus zu den Schutzhüllen.

Das Ego möchte gefallen und perfekt sein, und gibt den Eintritt quasi frei. Um Anerkennung und Aufmerksamkeit zu bekommen, ermöglicht es dem Gegenüber den Zugriff.

Es werden Situationen aus dem Leben dazu gezeigt, die diesen Zustand noch näher erklären.

Ganz subtil erreicht das Ego damit eine Position der Macht, es saugt sich Energie ab und schafft eine Verbindung, die jederzeit aktiviert werden kann. Denn der Andere befindet sich sehr schnell in einer Bringschuld, die durch den Zu -und Abfluss von verschiedenfärbigen Energieströmen erkennbar ist. Nachdem diese Verbindungen oft schon seit vielen Leben bestehen, kommt es auch sichtbar dazu, dass sehr viel

Energie abgezogen wird, und ich mich oft energielos, müde und ausgenützt fühle.

Da es sich dabei um ein Thema von Macht in einer speziellen Form handelt, liegt es an mir, ganz bewusst aus diesem Muster auszusteigen.

Nie in die Angst zu gehen, nicht gemocht oder den Ansprüchen nicht gerecht zu werden, sondern dem Anderen mit Vertrauen, offenem Herzen und Gefühl gegenüber zu treten. Dabei bleibt der Schutz geschlossen und aufrecht.

Solange das negative Ego die Macht im Solarplexus hat, das heißt, ich handle nur um zu gefallen und die Welt nach meinen Wünschen zu manipulieren, dann gibt es Widerstand und spürbare Reaktionen in meinem Körper.

Für mich ist nun als Lösung klar zu erkennen: Solange die Energien über den Solarplexus laufen gibt es einen Widerstand, mein Gegenüber kann andocken.

Es liegt nur daran das Wollen einzuschränken und aufzugeben.

Ich kann jedem meine Hilfe und Unterstützung geben, aber für das Erreichen des Zieles und/oder den positiven Ausgang, bin nicht ich verantwortlich.

Ist das Herzchakra geöffnet und bin ich bereit meine Gefühle zuzulassen, das bedeutet, keine Angst haben verletzt zu werden, dann bin ich wie ein Kanal der verbunden ist mit dem Fluss des LEBENS, und daher unerschöpflich.

Während ich diese Informationen bekomme, wird an meinem feinstofflichen Körper gearbeitet.

Die farbigen Energien bilden geometrische Muster, wo man immer wieder gebündelte Energien sieht(fast wie Laserstrahlen), die dunklere Punkte im Energiefeld erreichen und auflösen. Oft kann ich das passende Bild oder die Situation dazu sehen, die Ursache der Blockade war. Es sind auch Bilder aus vergangenen Leben, aber es ist für mich immer sehr klar ersichtlich wo die Ursache zu finden ist.

Auf diese Art und Weise werden immer mehr dunkle, niedrige Schwingungen aus meinem Energiefeld gefiltert.

Im Laufe der Behandlung erreicht mein feinstofflicher Körper eine immer höhere Schwingung, die sich als Wohlbefinden, Gesundsein und eine besondere Leichtigkeit in meinem physischen Körper bemerkbar macht.

Nörgeln

Es ist ein grüner Raum und meinen Energiekörper sehe ich in einem schmutzigen Matschgrün.

Sofort ist eine starke Vibration zu spüren.

Man kann lauter dünne Spiralen sehen, die in den verschiedensten Geschwindigkeiten ihre Bahnen durch den feinstofflichen Körper ziehen.

Diese schießen an ihren Enden dann kleine Spitzen ab, die sich in weiterer Folge im Energiekörper deines Gegenübers festhaken und ihren Weg munter fortsetzen. Es ist, als würde man lauter kleine Spulwürmer einsetzen.

Beide Auren vibrieren.

Es ist eine Egogeschichte und Machtfrage. Durch diese Vibration wird das Gegenüber richtig festgehalten, es wird unsicher, ungeduldig, aggressiv, aber auch ängstlich und durch das Durchschütteln kommt es nicht mehr in seine Mitte.

Die Wirkungsweise ist die einer sehr feinen subtilen Waffe, die auf Dauer beiden schadet.

Es ist das ununterbrochene feine Schütteln, das die Aura ganz löchrig und unsauber macht, da nun alles andocken und eindringen kann.

Im Prinzip ist nörgeln etwas, wo meist keine Antwort zu erwarten ist. Niemand sagt „ich will" als ganz gerade Linie, sondern es ist mehr oder weniger eine Wellenlinie, die nie die Möglichkeit gibt klar zu sein. Somit wird die allgemeine Stimmung immer unrunder und unangenehmer. Man kann darauf auch nicht reagieren, außer mit Aggression oder Weghören. Jedoch bleibt der Effekt immer derselbe. Das bedeutet auch, dass es sehr schwierig ist sich dagegen zu schützen. Die einzige erkennbare Lösung ist immer das offene Herzchakra, und das damit verbundene „in der Mitte bleiben".

Ab diesem Zeitpunkt wird man dieses Verhalten nicht mehr brauchen, da man gut erkennen kann, wie sehr man sich selbst aus der Mitte bringt und sich schadet.

Die Farben um meinen Körper verändern sich, und mittlerweile kann ich auch die Zusammensetzung dieses ursprünglich sehr schmutzigen Grüns erkennen.

Es ist da ein wunderschönes Frühlingsgrün, das in der Mischung mit dem Gelb der Macht entstanden ist. Im Laufe der Behandlung geschieht eine Art Reinigung, die gar nicht so einfach scheint, denn die Vibrationen lösen sich nur sehr langsam auf.

Doch nach und nach beginnt auch meine Aura diese schöne Farbe abzustrahlen.

Verlust

In dem Moment, wo Ruth das erste Mal die Anweisung gibt, in das Gefühl des Verlusts zu gehen, spüre ich wie sich meine Chakren ruckartig und schnell schließen.

Dann schießt die Energie in meinen Kopf, wo sie augenblicklich mein Denken ausschaltet und ich mich wie ein kleiner Hase fühle, der sitzt und mit großen Ohren panisch darauf wartet, was als nächstes kommt.

Diese Energie schaltet einfach alles aus.

Beim 2. Mal habe ich das Gefühl als würde an mir gearbeitet, als ob man Schnüre und Verbindungen trennt, die irgendetwas zusammenhalten. In Folge komme ich gar nicht mehr so tief in die Blockade hinein, sondern spüre nur mehr meinen Solarplexus drücken und ziehen. Gleichzeitig sehe ich Szenen aus Situationen, wo es bei mir zu dieser absoluten Verlustangst kam.

Zum Beispiel ein Freund der sagte, dass er jetzt für immer geht, Angst um die Kinder, Sorge und Angst um den Ehemann der ewig nicht nach Hause kommt und ich mir schon die schrecklichsten Bilder ausmale, Verlust von Geld und Besitz, als auch von Anerkennung.

Die Bilder laufen einfach vorbei, und es sind auch wieder viele alte Leben dabei die ganz komplex vernetzt sind.

Die absolute Machtlosigkeit zieht sich wie ein roter Faden durch alle Szenen, nämlich diese Art von Machtlosigkeit die sehr deutlich zeigt, dass ich überhaupt keinen Einfluss auf den Verlauf nehmen kann.

Sich einfach zurückzulehnen und dem Fluss der Dinge zu Vertrauen ist die Lösung.

In dem Moment, wo ich mit Angst und Panik reagiere, leiten mich nur noch meine Instinkte, da verliere ich die Verbindung zu meiner Intuition und meinen wahren Gefühlen, und bin kaum in der Lage, mich weiterzuentwickeln.

Bei der Arbeit an meinem feinstofflichen Körper gab es dieses Mal keine spezielle Farbe, sondern es war ein Regenbogen. Ich lag eingehüllt in eine Regenbogenröhre, die zu jedem einzelnen Chakra, es waren nicht nur sieben, sondern viele mehr, wie einen Regenbogenschlauch legte.

Alles schien sich zu drehen, und die Formen veränderten sich ununterbrochen, als wären es kleine Staubsauger, die alles Alte, das zu dieser Emotion des Verlustes gehört, abzogen.

Unsicherheit

Der Raum ist heute strahlendgelb, eigentlich hat er die Struktur eines klaren Bergkristalls, der in diesem wunderschönen Gelbton leuchtet.

Der Behandlungstisch, auf dem sich mein feinstofflicher, leicht bläulich schimmernder Körper befindet, ist aus einem Material, das für unsere Augen wie klares Eis erscheint. Er ist vollkommen veränderbar und beweglich und eigentlich ohne Struktur, da die farbige Energie während der Behandlung überall ist und rund um den Körper geführt wird.

Das Thema Unsicherheit manifestiert sich sofort mit Ziehen und einem eigenartigen Gefühl in meinem Solarplexus. Es ist wie schon oft ein Unterthema von Macht.

Ich gebe meine Macht ab, und stehe jetzt vor dem Auftrag, meine göttliche Macht wiederzuerlangen.

Viel Erinnerung und Erfahrung, die meist negativ war, steht da dazwischen.

Im Solarplexus sitzt nicht nur die Macht sondern auch das Ego. Hier ist es verankert und wenn irgendetwas eintritt wovor es meint, sich schützen zu müssen, wenn ich mich schrecke, oder das Gefühl habe angegriffen zu werden, dann spüre ich das augenblicklich in dem Bereich um meinen Magen.

Unsicherheit ist zum Beispiel, wenn Mädchen erwachsen werden, und ihre Haltung sich oft so krümmt, oder sie immer die Arme vor dem Magen verschränkt halten, sich so biegen, dann ist es nicht nur so, dass sie sich klein machen wollen weil sie unsicher sind, sondern auch, dass sie einfach ihre Macht schützen, den Solar Plexus schützen, sich einrollen wollen, auch fast wie ein Schutz vor sich selbst und ihrer Entwicklung.

Bei den vielen Facetten der Macht ist es auch immer die Frage, ob du dich selbst oder die Anderen schützt. Inwieweit möchtest du das alles nicht raus lassen aus Angst wieder in den Missbrauch zu gehen, und wie groß ist die Angst vor der Beeinflussung von außen.

Was kommt von außen, was kommt von innen.

Das sind eben alles alte Muster und das ist einfach Macht. Unser größtes Ziel ist, diese göttliche Form von Macht wieder zu erreichen, aber sie nur in der liebevollen Art zur Anwendung zu bringen, das ist eben der schwierige Teil den es zu lernen gilt. Machtvoll aus dem Sein, aus der Bewusstheit, in der Kreation unserer Existenz und das Wissen alles Gewünschte zu erschaffen, das liegt dem zugrunde, aber leider machten wir die Erfahrung, dass wir genauso die Fähigkeit haben, dieses Negative zu erzeugen und das ist die Last die an uns klebt, die uns belastet und die wir mit uns herumtragen.

Die Möglichkeit die uns die Arcturianer mit ihrer Arbeit jetzt bieten, ist diese Blockaden wie mit einem Feinfilter herauszuholen.

Das sieht aus wie ein Sieb oder besser ein Energiegitter, welches sie durch den Körper ziehen. Dessen Struktur ist immer abgestimmt auf die Schwingungsebene des Körpers und der damit verbundenen Bereitschaft zum loslassen der gewählten Themen.

Dieses Gitter wird auf eine gewisse Grobheit eingestellt, um zu verhindern, dass Dinge bereits entfernt werden, für die es noch nicht der richtige Zeitpunkt ist. Unsicherheit wird jetzt vollständig aus allen Bereichen meines Energiekörpers herausgeholt. Die anderen Knoten oder Verdichtungen haben eine andere Form und werden von diesem Gitter nicht erfasst. Darum dauert diese Arbeit schon einige Zeit, bis alles herausgerecht ist.

Bei der Arbeit an meinem Körper kann ich auch viel blaues Licht in verschiedenen Schattierungen erkennen.

Es zeigt sich in Form von Verwirbelungen im Bereich meines Kopfes und meines Halses. Offensichtlich liegen viele Bereiche meiner Unsicherheit im Denken und der Sprache.

Gegen Ende kann ich erkennen, dass die Energiemuster gleichmäßiger und unterbrechungsfreier laufen.

Machtlos, mütterliche Liebe, unzufrieden

Ich habe mich gleich im Behandlungsraum wiedergefunden.

Sofort spüre ich, wie in meinem physischen Körper alles zu fließen beginnt und sich Widerstände in den Bereichen der Chakren lösen.

Ich verspüre bei jeder Emotion, in die ich hineingeführt werde, ein sehr deutliches Gefühl in meinem Körper.

Da ist die Unzufriedenheit, die sich mit einem Zusammenziehen des Magens und einer starken Übelkeit einstellt, sowie die Machtlosigkeit, die einen Überdruck in meinem Schädel auslöst und die mütterliche Liebe, die meinen Solarplexus ganz heiß werden lässt.

Dann kommt eine goldene Kugel, die sich gleichmäßig über und um meinen feinstofflichen Körper dreht. In dem Moment nehme ich einen starken Druck in meinem Rücken wahr, der sich wie ein riesiger Stein in Richtung Schultern verlagert und dort herausgehoben wird. Diese angenehme Erleichterung rinnt wie eine kühle Flüssigkeit die Wirbelsäule hinunter, und schon beginnen verschiedene Bilder in meinen Gedanken Form anzunehmen.

Es zeigen sich Situationen, wo ich mich geduckt habe, weil auf mich eingeschlagen wurde, dafür dass ich anders war, Worte gesagt habe die nicht erwünscht waren und für Handlungen, die nicht in das Konzept der begleitenden Menschen passten.

Als nächstes finde ich mich in Szenen wieder, wo ich mit ungenießbaren, grausigen Esswaren versorgt wurde, die oft auch vergiftet waren, weil man mich einfach loswerden wollte.

Ich bin daran gestorben, immer mit dem Gedanken, "so wie ich bin, werde ich nicht akzeptiert".

Das Körpergefühl war, als würde die Last wie bei einer Dachrinne abzulaufen beginnen. Am intensivsten spürte ich es zwischen meinen Schultern, genau am Halsansatz, wo ich schon seit geraumer Zeit an Verspannungen und Schmerzen leide.

Dieses Gefühl, all diesen Ballast mit einem Male loszuwerden, ist überwältigend. Weiters gibt es mir eine Sicherheit, von nun an als Mensch und Frau akzeptiert zu sein, einfach so wie ich bin.

Nun wird wie mit einem Laserstrahl ein weißes ganz dichtes Gitternetz um mich gewoben. Es sieht fast aus wie ein strahlender Kokon.

Meine Gedanken finden sich auf einer schönen grünen Wiese wieder. Sie zeigen mir eine Abfolge von Bildern, die mir Folgendes bewusst macht: Das Gefühl der Machtlosigkeit entsteht, wenn einen das Fehlen mütterlicher Liebe unzufrieden macht.

Es führt immer zu Problemen, wenn diese besondere Art von Liebe, die nicht unbedingt den Frauen vorbehalten ist, fehlt. Mütterliche Liebe kommt der Qualität der kosmischen Liebe am nächsten. Die Wärme, die Hingabe dich zu versorgen und zu nähren, gibt uns die nötige Sicherheit auf dem oft harten Weg des Lebens. Den meisten von uns fehlt diese Basis, da man nur etwas weitergeben kann, das man selbst erfahren und so auch gelernt hat.

Diese Unzufriedenheit führt zu vielen Kämpfen und Auseinandersetzungen, im Kleinen und im Großen.

Nach dieser Erklärung fühle ich mich vollkommen zufrieden.

Über mir befindet sich jetzt etwas, das wie ein flächendeckender Staubsauger funktioniert, und damit wird eine Substanz, die dem feinen Sandes sehr ähnlich ist, herausgeholt. Diese scheint schwer zu sein und hält dadurch die Schwingung im Körper nieder.

Ich merke, dass sich mein physischer Körper sehr leicht und aufgeladen fühlt.

Mein feinstofflicher Körper hingegen strahlt wie ein heller Regenbogen, ganz gleichmäßig und ausgeglichen.

Erniedrigung durch Andere, sich nicht trennen, sich nicht abgrenzen können, kontrollieren

In dem Moment wo ich in die zu bearbeitenden Energien geführt werde, sehe ich, dass unzählige lose Verbindungen, die in meinem feinstofflichen Körper verankert sind, *herumhängen*. Diese sehr feinen Schnüre oder Energiekabel sind meine Verbindungen, die ich im Umgang mit Anderen bisher nicht so gern loslassen wollte, da sie meine Kontrolle waren.

Kontrolle sieht so aus: Ich bilde ein feines Netz aus Energiefäden, die mich an mein Gegenüber binden und mir die Möglichkeit geben, jederzeit meine Regungen und Gefühle zu überwachen. Ich fühle mich absolut sicher und geschützt.

Freiwillig habe ich nicht das Bedürfnis aus der Verbindung auszusteigen, da es bedeuten würde, meine bisher über den Anderen gelebten Gefühle zu verlieren.

Mich abzutrennen wäre, die Verbindungen zu durchschneiden, aber dann fühle ich mich erniedrigt, da es wie eine Auslagerung meines eigenen Energiekörpers wirkt. Das ist auch der Grund des nicht Abgrenzens, denn eigentlich kann ich so oft besseren Zugang zu meinen Gefühlen, egal ob positiv oder negativ, haben

In diesem Spiel der Kontrolle definiere ich mich nur über den Anderen. Ich möchte Macht ausüben, vom Solar Plexus aus. In der Lunge spüre ich das Erniedrigen und Kleinmachen, das Wort zurücknehmen und nicht auffallen. Eigentlich ist es wie ein Schutz, um nicht wieder in die Rolle der ausübenden negativen Egomacht zu fallen.

Jetzt wird an mir gearbeitet. Feine Energieimpulse lassen Punkte in diesem Kokon immer wieder in unterschiedlichen Farben leuchten. Damit verbunden blitzen Bilder auf und es kommen Erinnerungen an unterschiedliche Erlebnisse und Begebenheiten hoch. Der Farb- und Lichtpunkt bewegt sich danach weiter, als würde er einen Faden verfolgen und aus dem Durcheinander heraussuchen.

Gleichzeitig scheinen sie meinen Solarplexus aufzupolieren. Sie entfernen lose Schnüre und wegstehende Teilchen, es wird richtig gearbeitet, und es sieht aus als würde der Solar Plexus neu ausgerichtet und mit Licht gefüllt.

Alles bisher Geschriebene umfasst meine persönlichen Erlebnisse mit den Arcturianern und ihrer Arbeitsweise.

Die Aufzeichnungen sind aus meiner Erinnerung entstanden, die wir sofort nach der Behandlung festgehalten haben. Man kann es vergleichen mit einem Traum, den man kurz nach dem Aufwachen noch sehr bewusst hat, der aber im Laufe der Zeit immer mehr verblasst.

Interessanterweise gab es Abschnitte, wo ich wusste, beeindruckendes erlebt zu haben, aber leider war es weg. Offensichtlich war es für mein Tagesbewusstsein noch zu früh, oder unerklärlich.

Zufällig ergab es sich, dass ich bei den Behandlungen einer lieben Freundin anwesend sein durfte.

Sie wählte sich dann dieselben Themen und wir bekamen dadurch einen viel umfangreicheren Eindruck der Dinge. Vor allem konnte man gut sehen, wie individuell die Behandlungen abgestimmt waren. Es war überraschend, dass wir nicht einmal in denselben Räumen behandelt wurden, sondern auch hier gab es Unterschiede in Farbe, Form und Energieschwingung. Bei diesen Sitzungen durfte ich die Aufgabe eines Reisebegleiters, Live Berichterstatters oder aber, spirituell ausgedrückt, eines Kanals übernehmen.

Daher fallen diese Berichte wesentlich detaillierter und umfangreicher aus.

Oft stellten wir auch speziellere Fragen und waren über die Klarheit und Tiefgründigkeit der Antworten sehr beeindruckt.

~~~

Ruth beginnt mit ihrer Behandlung (gechannelt)

Erniedrigung:

Der Energiekörper ist zu sehen, er ist waagrecht ausgerichtet, man erkennt aber keine Unterlage, wie ein Behandlungsbett oder ähnliches, sondern nur ein intensives Flimmern, das zeigt, dass es eine Form von Energie ist, die den Körper in dieser Position hält.

Jetzt sieht es aus, als bildeten sich Trichter aus den Chakren heraus, die ganz schwarze dunkelviolette Energie herauslassen. Gleichzeitig entstehen von oben Wirbeln, die diese Energie aufsaugen und transformieren

Sich nicht abgrenzen können:

Da kommen aus dem Ätherkörper lauter kleine Widerhaken heraus, sie sehen aus wie Spulwürmer und sie docken dann an einer unsichtbaren Hülle an, krallen sich fest und es entsteht ein eigenartiges Licht um den Körper, so ganz leicht, wie beim Wetterleuchten. Es scheinen lauter kleine Energieentladungen vor sich zu gehen, die vom obersten bis zum untersten Chakra ein Netz bilden.

Kontrollierend:

Im Prinzip sind bei der ersten Emotion alle Chakren aufgemacht worden, bei der zweiten Emotion sind dann diese Widerhaken herausgekommen und bei der dritten Emotion ist die Kontrolle gekommen. Die Klientin hat laut und ohne Ende zu lachen begonnen, dieses Lachen bringt ihren ganzen Körper in Bewegung. Gleichzeitig sieht man eine regelmäßige Wellenbewegung in ihrem Energiekörper, die sich bis tief hinein fortsetzt. Dieses Lachen ist ein Verhaltensmuster, das an der Oberfläche der Kontrolle sitzt.

Die Ursache der Wellenbewegung sitzt tief drinnen im feinstofflichen Körper, ein großer, schwarzer Punkt, ein unermesslicher Schmerz vom Wurzel- bis ins Kronenchakra.

Kontrolle beginnt im Kopf, wird dort erzeugt durch das Wollen.

Dieses Wollen kommt aus dem Ego und wirkt auf alle Chakren.

Wenn du wirklich Kontrolle über einen Menschen hast, dann dockst du von oben bis unten gleichzeitig an, umgarnst ihn in dichtester Form.

Bei dir ist Kontrolle geschehen und du hast sie auch gelebt durch dieses Lachen. Das ist auch Kontrolle, denn es ist egal, mit welcher Emotion du Kontrolle erzeugst. Du kannst die Menschen auch in deinen Bann ziehen, indem du lustig bist. Kontrolle ist auch über dich ausgeübt worden, da taucht jetzt eine Schicht auf, wo du unter Kontrolle gestanden bist, aber durch Lachen hast du die Leute sehr verwirrt, und das ist dann zu einem Muster geworden. Aber unter diesem Lachen sieht man, dass es noch viele Details dazu gibt.

Diese können deine beiden arcturianischen Betreuer parallel auf einem Bildschirm an der Wand mitverfolgen.

Auch du siehst diese Szenen, ob bewusst oder unbewusst hängt immer von deiner Bereitschaft und der Entwicklung des Lichtkörpers ab. Dieses Lachen stand im unmittelbaren Zusammenhang mit den wahrgenommenen Bildern, aber nicht weil sie so lustig waren, sondern weil du das Gesehene nicht zulassen konntest. Somit hat dein Körper mit diesem Lachen reagiert.

Dein ganzer Energiekörper fängt so in Wellen an zu schwingen.

Du baust gleichzeitig aus einem tief sitzenden Verhaltensmuster einen Schutzmechanismus auf, der sich wie eine harte Hülle präsentiert.

Auf meine Frage, was sie hier tun, zeigen sie mir den großen Bildschirm. Dieser hat eigentlich keine Substanz, sondern ist wie ein Hologramm mitten im Raum, die Bilder sind dreidimensional und sehr real.

Man erkennt gut, wie die Bilder mit den Wellenbewegungen im Energiefeld des Körpers zusammenhängen. Jede Verdichtung die sich löst bewirkt, dass der Fluss harmonischer und gleichmäßiger wird.

Kontrolle übt man auf verschiedenste Arten aus, jeder hat da so seine persönlichen Eigenheiten. Sie macht sich in Form von schreien, toben, beleidigt sein, aber auch lachen bemerkbar.

Durch dieses Lachen ist bei dir sehr viel Bewegung in die Statik deines physischen Körpers gekommen. Die gleiche Wirkung hätte Weinen erzielt. Optisch wäre es in der Lichtarbeit nicht zu unterscheiden gewesen. Beides sieht aus wie *Teppich klopfen*.

Jetzt wird dein Körper gescannt und alles an Schmutz, der sich gelöst hat, herausgezogen. Dafür wird eine Art Reifen benutzt, durch den dein Körper mit gleichmäßiger Geschwindigkeit durchgezogen und mit der transparent schimmernden Innenfläche alles ausgesiebt wird. Je öfter dieser Vorgang wiederholt wird, desto klarer und heller wird es.

Alle drei Themen sind im Solarplexus verankert, aber jeder Mensch verbindet sie dann mit anderen Chakren und Bereichen seines Körpers, die Teil seiner Verhaltensmuster sind.

Ob da jemand aus seiner Urkraft arbeitet oder Magie und Denken als Ursprung hat, ist in den Farben und

Verbindungen zu den Chakren zu erkennen. Bei der Reinigung kann man aber sehr gut erkennen, dass letztendlich alle Chakren vernetzt und beteiligt sind.

Es ist faszinierend, diese Bilder auf dem Schirm sind wie in den Raum gestellt, sie laufen quasi neben deinem Körper, zeitgleich mit deinen hochkommenden Gefühlen mit, sie beobachten diese ganz genau und steuern gleichzeitig die Behandlung. Sie haben einen Masterplan, aber parallel dazu lösen sie akut hochkommende Situationen gleich mit. Es zählt auch hier immer dein freier Wille, daher sind Details für sie nicht planbar.

Daher sind sie auch immer zu zweit anwesend im Raum bei der Behandlung. Optisch wirkt einer größer und der Andere kleiner, die Erklärung läuft aber dahin, dass es den erfahrenen Arcturianer gibt, dem ein Schüler zur Seite gestellt ist. Dieser lernt aus Erfahrung, um dann selbst in die Rolle des Leitenden zu kommen.

Oben auf der Raumstation herrscht ein reges Kommen und Gehen.

Die Ankunftshalle ist deshalb so groß, weil wirklich unzählige Leute kommen. Die meisten während des Schlafes. Die Bereitschaft muss jedoch vorhanden sein, man muss sich seine Themen auch bereits bewusst machen, sonst hat die Lichtarbeit noch keinen Sinn.

Es ist so, dass jeder der in einer Behandlung nach oben kommt, seinen arcturianischen Begleiter zur Seite hat, dieser ist dann während der gesamten Zeit anwesend und begleitet den feinstofflichen Körper auch wieder zurück. Er ist der Verbindungsmann oder Ansprechpartner, der jederzeit für Auskünfte zur Verfügung steht.

Sie leisten ihre Arbeit in vollkommener Liebe und Hingabe an uns Menschen. Sie sehen ihre Aufgabe darin, uns den Weg in die 5. Dimension zu erleichtern. Sie sind sehr glücklich über die Tatsache, dass so viele Menschen bereits ihre Aufgabe erkannt haben und den Weg bewusst gehen.

Sie haben 80.000 Jahre für ihre Entwicklung gebraucht und stellen uns ihr Wissen jetzt zur Verfügung.

Nicht mit einem Anderen in Konkurrenz gehen (als Channel)

Meine Freundin liegt auf dem Behandlungstisch und in dem Augenblick, wo sie die Augen schließt, sind die arcturianischen Freunde hier und helfen dem Ätherkörper beim Verlassen des physischen Körpers.

Sie nehmen dich wirklich an den Händen und heben dich aus deinem Körper heraus, in deinem Fall könntest du es auch selbst, aber bei Anderen ist es einfach nötig dabei zu sein und mitzuhelfen.

Dann seid Ihr sofort oben auf dem Raumstation. Sie führen dich einfach an ihren Händen, ohne dass du jemals den Boden berührst.

Jetzt beginnst du im Behandlungsraum an deinem heutigen Thema zu arbeiten.

Nicht mit den Anderen in Konkurrenz gehen.

Bei deinem Bauch geht etwas auf, und sofort beginnen sich die Energiekugeln gleichmäßig durch deinen Geistkörper zu bewegen. An der Stelle, die mit dem Thema zu tun hat, wird gearbeitet, es blitzen Farben und sprühen bunte Funken. Auf der Leinwand sehen sie deine Gedankenbilder. Jedes Mal wenn du es schaffst in die Emotion hineinzugehen, werden die Kugeln grün. Es ist eine gleichmäßige Farbe, und die Kugeln sind überall um deinen Körper herum, eingebettet wie in ein Meer von Seifenblasen.

Gleichzeitig wird dein Körper durch einen großen Ring gezogen, wie ein Scanner, der an der Stelle des Themas plötzlich ganz viele diffus leuchtende Farben erzeugt. Das

Licht verlagert sich immer mehr auf deine linke Seite, und beim Durchgehen des Ringes schimmern sie dann in schmutzigeren Farben wie rot, braun und viel ockergelb. Immer dann ist auch eine Verbindung, wie dünne blitzende Fäden, zu deinem Gehirn sichtbar. Dies sind deine Gedanken, die das auslösen, und dann werden auch diese herausgefiltert.

Den Filter kann man sich wie ein sehr feinmaschiges Fischnetz vorstellen.

Das Material des Netzes ist aber wie eine durchsichtige magnetische Substanz, in der alles haftet, was du genau jetzt bereit bist, loszulassen.

Auch aus deinem Kopf wird alles herausgezogen, wie lange Fäden, die in einem Sieb hängen bleiben.

Eine Szene die du jetzt erlebst oder besser erfühlst, kann man mit dem Satz erklären:

„He, ich bin ja auch noch da, sieht mich niemand?"

In diesem Moment verlierst du komplett deine Zentriertheit, deine Mitte. Es fällt alles in deine linke Seite, wo jetzt alles wie fremd gesteuert wirkt, du gibst deine Kraft ab. Je mehr Platz du der Emotion gibst, desto größer wird der Farbklecks, und du findest einfach nicht mehr zu deiner Mitte zurück und kannst deinen wahren Weg nicht mehr erkennen.

Das Ziel wäre, in der Säule, die deine Mitte darstellt, zu sein, wodurch du durchgehend mit dem Göttlichen verbunden wärst. Das ist im Moment nicht mehr möglich und deshalb wird es jetzt in der Lichtarbeit geklärt, sauber gemacht und entfernt.

Somit gehst du in solchen Situationen nicht mehr in Resonanz.

Dieses Gefühl ganz klein gemacht zu werden, ist als ob man sich von jemandem die Schultern niederdrücken lässt.

Auf der Leinwand sieht man deutlich, was diese Emotion in deinem Leben bedeutet, wie du darauf reagiert hast, ob du gerade daran arbeitest und wie weit du da hineinzugehen bereit bist.

In den Bildern sieht man nicht unbedingt menschliche Gesichter, sondern du siehst Lichtwesen die in Aktion treten, siehst Farben die dadurch ausgelöst werden und wo sie in deinem Körper reagieren oder aber blockieren.

Man sieht jetzt die Szene, eines Streits, die wie ein Austausch ist. Einer schreit, der Andere schreit zurück, und jetzt ist die Frage, welcher der Beiden ist der gewitztere Spieler. Nicht jeder kann bei dir die richtigen Knöpfe drücken, es muss quasi die Vereinbarung zum Spiel vorhanden sein, wenn er es jetzt schafft, bei dir die Farben zum Züngeln zu bringen, dann ist klar, die Emotion ist in dir noch vorhanden. Bei deinem Mitspieler geht es immer um alte gemeinsame Geschichten, ansonsten würdest du den Streit weder beginnen noch zulassen.

Jetzt ist es die Energie einer Machtprobe mit dem Thema, wie halte ich den Anderen klein. Alle diese Gefühle laufen unbewusst ab und bei diesem gewaltigen Egospiel zeigt sich jetzt, wer der Stärkere ist.

Da du nicht in deinem Fluss geblieben bist, kommen Egoverletzungen der Vergangenheit hoch. Es sind Schuldgefühle, die dich zum Kleinmachen zwingen, und wieder unterwirfst du dich der Macht deines Egos. Diese über dir ausgestreckte Hand hält dich, und du getraust dich gar nicht darüber zuschauen, da du einmal „falsch" reagiert hast. Jetzt wäre der Moment, Stärke zu beweisen und in deiner Mitte zu verharren. Genau dann würde dein Gegenüber den Schritt zurückgehen, und könnte auch seinen eigenen Prozess beginnen. Das ist Mut, sich hier wirklich anzunehmen und zu sich zu stehen, mit allen Konsequenzen. Der sonst ewig fortlaufende Kampf braucht dann nicht mehr stattzufinden, wenn einer in seiner Klarheit bleibt. Die Klarheit zu wissen: ich will das nicht mehr – aber ohne Egoeinfluss, das ist der Schritt heraus aus diesem Spiel.

In diesem Fall ist es das dir einflüsternde, nagende Ego das dich fragt warum du dich so verhältst, denn du hättest es doch nicht nötig, da du die Stärkere bist usw. Und schon geht das Spiel von vorne los.

Sobald du es erreicht hast, in deiner Mitte zu bleiben, ist es dir vollkommen gleichgültig, wer an deiner Seite versucht anzudocken, dich in sein Spiel zu verwickeln, es geht hier nur um deine Bewusstheit zu erkennen, was gespielt wird. Auch wenn der Andere sein Ego noch mit voller Kraft zum Einsatz bringt (dazu gehört aber auch schmeicheln und loben), du kannst aussteigen.

Aufgrund der Bilder auf der Leinwand erkennen die arcturianischen Freunde auch, inwieweit sich der Einzelne mit seinen Themen beschäftigt. Wenn der zu Behandelnde bei ihnen auf der Raumstation erscheint, wissen sie über ihn Bescheid. Aber erst bei der aktuellen Arbeit sehen und erkennen sie, wie tief der Mensch hineinzugehen bereit ist, wie dunkel der zu lösende Fleck noch ist, wie lange es braucht um gewisse Verstrickungen zu beseitigen und wie umfangreich die Zahl der zusammenhängenden Ereignisse noch ist. Es kann geschehen, dass sein Bewusstsein sagt, ich will, aber sein Körper noch so verstrickt ist, dass es nicht so einfach funktioniert.

Die Arbeit verläuft dann sehr sanft, immer abwartend, wieweit das Karma schon lösbar ist und wieweit das Bewusstsein schon fortgeschritten ist, um auch selbständig daran zu arbeiten.

Von sich aus zu handeln ist ihnen nicht gestattet, da es ein Eingriff in den freien Willen wäre, und somit gestaltet sich die Dauer der Arbeit immer nach den Bedürfnissen des Einzelnen.

Jetzt wird bei dir alles glatt gestrichen. Dein Körper wird eingehüllt in wunderschöne sehr klare Farben, die an den Punkten, die verändert wurden, sehr stark aufleuchten, als würde da besonders viel Energie zugeführt.

Die Fransen, die bei der Arbeit an deinem Bauch entstanden sind, verschwinden und der Energiemantel um dich herum scheint sich deutlich zu vergrößern und auszubreiten.

Trauer

Dieses Mal wähle ich die Emotion der Trauer aus der zur Verfügung stehenden Tabelle.

Eigentlich kann ich spontan gar nichts damit anfangen.

Einzig das zuständige Organ, das die Lunge ist, weckt meine Aufmerksamkeit.

Zurzeit leide ich unter Allergien, die sich hauptsächlich in meinen Atemwegen manifestieren und daher liegt es nahe, jetzt daran zu arbeiten.

Ruth beginnt Ihre Arbeit und augenblicklich spüre ich, wie sich dieses schwere Gefühl über mich breitet.

Trauer ist vieles. Die Kindheit zieht vorbei mit Bildern des Verlassen-Seins, die begleitet sind vom Empfinden keine Luft zu bekommen.

Plötzlich gibt es nichts mehr. Alle meine Chakren scheinen zuzumachen und die Trauer umfängt mich wie ein dunkler Mantel. Der Solarplexus zieht sich stark zusammen, als würde er sich vollkommen abschotten. Dieses verlassen und alleine sein steht an erster Stelle. Die Verzweiflung, nicht akzeptiert zu werden, bringt mich immer tiefer hinein, fast wie eine Spirale die ich immer weiter hinunter steige. Allem fehlt die Freude. Ich verdränge das Gefühl, schiebe es einfach weg und da spüre ich, wie sich ein Schmerz, der eigentlich wie ein großer Druck, wie eine immense Last ist, auf die Lunge verlagert.

Ab diesem Moment schaltet sich mein Tagesbewusstsein weg, da das Thema für mich wahrscheinlich zu schwierig ist, um dabei bleiben zu dürfen.

Glücklicherweise ist gleich nach mir meine Freundin zur Behandlung da, und als neutraler Beobachter darf ich nun mehr erfahren.

Channeling der Behandlung:

Dein Zimmer ist ganz rosa, es sieht aus wie die Innenseite einer Muschel.

Die Arbeit beginnt beim Kopf. Die Kugeln bewegen sich darüber und die entstehenden Energiemuster werden immer schneller und dichter.

Man sieht die stärksten Verwirbelungen bei deinem Kopf und daher sitzt hier auch der Ursprung von Trauer.

Diese Trauer zuzulassen bedeutet, dass du wirklich am Ende deiner Kräfte und Möglichkeiten bist. Von da sinkt sie dann tiefer, zuerst in den Hals - es versagt dir die Stimme - und dann in die Lunge. Hier in diesem Organ setzt sie sich fest wie in einem Filter und nimmt dir auf Dauer die Luft zum Atmen. Wenn du die Kraft noch immer nicht aufbringst, sie hier zu bewältigen, geht sie tiefer. Es kommt zu Depressionen und sie macht dich jetzt wirklich krank. Jedes einzelne Organ macht schlapp. Diese Emotion sieht aus wie schwarzer Teer, der alles überzieht und die Lebensenergie erstickt.

An Trauer kann der Mensch zugrunde gehen. Im Kopf wird sie ausgelöst und gesteuert, in der Lunge wird es aufgefangen und gefiltert, aber danach wenn es trotzdem tiefer zu gehen beginnt, werden die Organe betroffen.

In dem Augenblick beginnt die Arbeit der Arcturianer. Sie lösen und entlasten die Lunge und man sieht, dass es unzählige dünne Verbindungsfäden gibt, die weit in den Körper hineinreichen und sich bereits in kleinen schwarzen Pünktchen auf den verschiedenen Organen festgesetzt haben.

Trauer ist eine Emotion, die man nicht zulässt. Sie ist ähnlich einem letzten Schutzschild der verhindert, dass die Verzweiflung, das wahre Wissen hochkommt, ohne sie würdest du im Netz der Dualität nicht existieren. Diese dicke zähe Masse bindet dich.

Eigentlich wäre die Trauer das Erste und Wichtigste, das aufgelöst werden sollte, aber du schaffst es nicht hinzukommen. Du siehst dich jetzt als Kind. Du stehst da und weinst bitterlich. Du bist so klein und kannst dich einfach nicht wehren, du fühlst dich gefesselt. Warum bist du traurig? Weil du nicht handeln kannst. Dualität bedeutet, nicht zu handeln und die Trauer ist die Erinnerung daran, dass du es gekonnt hast und jetzt nicht mehr kannst.

Je mehr du dich da hineinfallen lässt, desto schwerer und unbeweglicher wirst du. Es ist, als müsstest du einen Stoppel herausziehen, um Licht hineinzulassen, denn dann beginnt sie sich aufzulösen.

Trauer ist eine der größten Illusionen, die uns durch das Spiel Erde begleitet.

In dem bist du gefangen, wie in einem Netz, das dir nach und nach die Lebensfreude und die Luft zum atmen nimmt.

Über die Trauer erhält man auch Zuneigung.

Stell dir einmal traurig blickende Kinder oder Tiere vor, oder weinende, verzweifelte, traurige Menschen. Was lösen sie in dir aus? Es ist Mitgefühl, eine Zuneigung und das Bedürfnis, sie in die Arme zu nehmen. Man versucht den Anderen zu trösten, glücklich zu machen, ihn zu halten und zu trösten. Jeder vergisst in diesem Moment alle seine Vorurteile und Abneigungen.

Man zögert nicht und spendet Trost, egal in welcher Form. In jedem löst es eine tief sitzende Information aus. Der Schmerz, die Machtlosigkeit, die absolute Verzweiflung, alles Aspekte der Trauer, haben tiefe Wunden in jedem von uns hinterlassen und daher auch das tiefe Wissen, jetzt ist meine Hilfe nötig.

Mittlerweile wird die Reinigung deines feinstofflichen Körpers fortgesetzt.

Sie hat beim Kopf begonnen, wo Knoten und Knöpfe gelöst worden sind und nun geht es durch die Lunge. Es leuchten kleine färbige Punkte auf, nämlich überall dort, wo sich die Trauer schon festgesetzt hat. Die Energiekugeln rollen um dich herum. Sie beginnen beim Scheitel, verdichten sich beim Hals, bei der Lunge, jedes einzelne Bläschen scheint da betroffen zu sein. Danach werden sie feiner und feiner. Die Schnüre, die sich zu deinen Organen gebildet haben, werden wie durchgeschnitten und aufgelöst. Erst wenn die letzten Pünktchen aus deinen Zellen verschwunden sind, dann kann es sich aus der Lunge lösen.

Es ist eine sehr langwierige zähe Arbeit.

Es wird sehr viel gelb und weiß verwendet, aber dazwischen erkennt man immer die Farbe, die den Punkt verursacht hat.

Die Arbeit des Durchscannens bewirkt ein weich werden und lösen dieses starren Netzwerkes, das sich über die Jahre in deinem Körper manifestiert hat. Es bedeutet, dass du wieder besser „funktionieren" kannst.

Die Pünktchen vollkommen zum Verschwinden bringt das Leben.

Unterstützt durch deine neue Einstellung und deine neuen Gedanken.

Hier in einer Sitzung ist es nicht möglich, die gesamte Struktur mit allen Anhängseln zu lösen, da das dein physischer Körper nicht ertragen könnte. Es muss Steinchen für Steinchen entfernt werden, immer mit dem Ziel, es ins Leben zu integrieren. Heilung geschieht durch deine Taten und indem du der Trauer den Platz nicht mehr zugestehst.

Das Gefühl von Trauer löst in jedem ein anderes Verhaltensmuster aus. So reagiert der Eine mit Zynismus, der Andere mit Wut und der Dritte mit absoluter Verzweiflung und Depression.

Du brauchst jetzt nicht mehr zu reagieren, du nimmst deine Trauer einfach an, als Teil von dir, als ein Gefühl, das dir zusteht und du schiebst sie nicht zur Seite. Arbeite damit und beobachte, was hochkommt.

Trauer ist wie ein schwarzes Loch, wie ein Trichter, wenn du es schaffst da an die Basis zu kommen, steht dir dein Lichtweg offen, weil du beginnst zum ersten Mal, diesen Weg in deiner Bewusstheit zu gehen.

Beim Vordringen zu diesem Punkt erwartet dich auf jeden Fall dieses Gefühl des Kehlezuschnürens, der absoluten Urangst, mit Bildern die bis zur Vertreibung aus dem Paradies zurückreichen. Als nächstes kommt die Angst. Von der immer gesagt wird, dass sie der Ursprung allen Leidens sei. Aber bedenkt, Angst ist aktiv, aber Trauer wirkt passiv. Somit ist sie ein Zustand des Erstarrens, keine weiteren selbständigen Bewegungen sind dir gestattet. Und nun kommt wieder das Bild dieser unzähligen feinen Fäden, die dich, wenn sie zu dicht werden, gefangen halten und letztendlich krank machen.

Bei der Trauerarbeit handelt es sich im Prinzip um Bewusstwerdung.

Jeder einzelne von uns Menschen hat Riesenpakete an Erinnerungen und Erfahrungen, die er mit sich trägt.

Wenn man das bildlich betrachtet, dann sind diese pyramidenförmig übereinander getürmt. Aber bei jedem sind die Inhalte anders aufgebaut und angeordnet, eigentlich sehen diese Pakete aus wie Schiffscontainer, und wenn man diesen öffnet, findet man unzählige, einzelne Schachteln und Boxen vor, deren Inhalt immer gesammelte Gefühle, Erlebnisse, Erfahrungen aus allen Leben sind. Also immer wenn wir beginnen uns mit einer bestimmten Emotion auseinander zu setzen, stehen wir vor dem Container und nun liegt es am Therapeuten, egal welcher Spezialisierung, beim Öffnen behilflich zu sein und unterstützend auf dem Weg der Verarbeitung zu wirken.

Wichtig dabei ist zu erkennen, dass man selbst die Erfahrung machen muss, um die Gesamtheit im Verstand zu integrieren. Der begleitende Therapeut hilft den Müll zu entfernen, damit der Klient zu sehen beginnt, worum es sich genau handelt.

Irgendwann, nach vielen Erkenntnissen, hast du dann viele Container und ihre Inhalte bereits geöffnet und dich mit den großen Themen und ihren Verbindungen auseinandergesetzt, gräbst du dich hinunter zur Basis der Trauer.

Zusätzlich passiert bei der Arbeit an und in den einzelnen Containern und Abschnitten folgendes. Du machst z.B. den Container Selbstsucht auf, bedenke aber, wie viel Zeit es für den Einzelnen oft braucht, diese Emotion bei sich zu erkennen und sie sich einzugestehen, wo du nun Unmengen an verschiedenen Zusammenhängen und Erlebnissen findest. Meist siehst du zu Beginn die aus deinem heutigen Leben, aber je tiefer du gehst, desto mehr Wissen bekommst du über die Zusammenhänge aus der Vergangenheit. Das Geschenk dabei ist, dass du nur zu beginnen brauchst, denn mit einem Mal werden unzählige anhaftende Verbindungen, diese feinen schwarzen Fäden, die dieses Ummantelungsnetz bilden, durchgeschnitten und aufgelöst. Das geschieht nun nicht nur in dem einen Container, sondern breitet sich stetig in der gesamten Pyramide aus. Die Arbeit geht nun immer leichter voran, du bekommst richtig Lust und Freude daran, vorzudringen zu deinem wahren Selbst.

Es werden natürlich immer wieder Situationen hochkommen, die in deinem irdischen Leben wie durchgespielt werden müssen, aber je mehr du dabei akzeptierst und vertraust, desto schmerzloser und unspektakulärer wird es sein.

Die Trauer ist an sich die Basis unserer Existenz in der Dualität. Wir wählten den Weg auf die Erde zu kommen unter der Bedingung, alles zu vergessen. Wir lebten im Licht ohne Bedingungen und Einschränkungen. Nun war dieses Gefühl und unbewusste Wissen vorhanden, aus dem Paradies verdrängt worden zu sein.

Diese Traurigkeit über den Verlust verwandelte sich bald in Angst, den Weg nicht mehr zu finden und ein jeder begann nun seinen eigenen Weg, der eigentlich zum Ursprung zurückführen sollte.

Jahrtausende lang gab es Neues, das wir unbewusst glaubten erreichen zu müssen, um die Anerkennung und Wertschätzung für unsere Rückkehr zu erlangen.

Es boten sich so viele Möglichkeiten uns selbst zu beweisen, immer wieder folgten wir neuen Richt- und Leitsätzen, neuen Führern und Wissenden und entfernten uns immer mehr von der Basis.

In der heutigen Zeit sind viele an der Spitze angelangt. Jeder sieht, sie haben alles erreicht, trotzdem fühlen sie sich leer und ausgebrannt. Der Weg der Besinnung, Innenschau und Selbstfindung ist einer, den immer mehr zu gehen beginnen. Plötzlich sind Manipulation, Macht und materielle Werte nicht mehr an erster Stelle, denn sie suchen mehr. Sie setzen Handlungen die Ihre Mitmenschen verwundern, da sie diese hohen alten Werte nicht mehr schätzen. Und da beginnt die Arbeit in der dargestellten Pyramide. Dogmen und Glaubensmuster haben die Pyramide sehr stabil gemacht und jeder, der noch in dieser Dichte und Dualität verhaftet ist, wird schwer verstehen, was der Sinn von Selbstfindung und Wiederfinden von inneren wahren Werten bedeutet.

Für viele braucht es erst eine unheilbare Krankheit oder einen Schicksals–*Schlag*, um die Richtung zu finden, aber im Prinzip geht jeder Einzelne seinen gewählten Weg.

Hier zeigt sich auch, dass Trauer Ihre Möglichkeit findet ins Bewusstsein vorzudringen, denn was löst in dem Menschen diese Suche aus. Es ist das Gefühl anzustehen, nicht weiter zu wissen, es macht sich diese tiefe Traurigkeit und Verzweiflung breit, die uns auffordert zu beginnen. Plötzlich verlieren alle Werte ihren Glanz, denn es wird uns klar: „Jetzt ist der Moment da, es gibt nichts mehr im Außen, das es zu erreichen gilt."

In unserer Gesellschaft ist Trauer ein Gefühlszustand, mit dem nur Wenige wirklich umgehen können. Schon bei Kindern wird Traurigkeit meist abgetan mit Süßigkeiten oder den Worten: „Komm, es ist ja gar nicht so schlimm." Nur selten wird richtig Trost gespendet, denn eigentlich haben wir alle Angst davor, zu tief hineinzugehen in diesen Zustand.

Einzig bei einem Begräbnis kann man die Trauer ausleben, da hat man das Mitgefühl und Mitleid der Mitmenschen, da nur der Verlust eines Menschen an das Unbekannte diesen Gemütszustand erlaubt.

Somit ist auch klar, warum es nicht möglich ist, mit der Arbeit an der Trauer zu beginnen. Es würde ein Zusammenstürzen des gesamten Aufbaus bewirken, der gleichzusetzen ist mit der menschlichen Psyche.

Es erfordert die Bewusstmachung des Gesamten, um zur Basis vordringen zu können. Wenn wir zu diesem Punkt gelangen, bedeutet es aber nicht, dass wir am Ende angelangt sind, sondern hier beginnen wir damit, unser Leben mit anderen Augen zu betrachten und unseren Weg mit Liebe, Freude und Vertrauen zu gehen.

Mittlerweile hat auch die arcturianische Behandlung Ihr Ende gefunden. Der feinstoffliche Körper liegt da, und dieses hellblaue Licht strahlt aus ihm.

Die arcturianischen Begleiter stehen an ihren Plätzen und jetzt erkenne ich, dass der Behandlungsraum an einer Seite etwas wie eine Fensterzeile hat, durch die andere Arcturianer, die offensichtlich an der Behandlung beteiligt sind, den Zustand und Fortschritt der Arbeit beobachten können.

Heute scheint etwas Besonderes vor sich gegangen zu sein, denn da sind besonders viele Zuseher, die alle mit großer Anerkennung dem Geschehen gefolgt sind.

Kristallbehandlung/Anhebung

1. Anhebung

Ruth legt die vier für die Kristallbehandlung verwendeten, mit arcturianischer Energie aufgeladenen Bergkristalle, rund um meinen Körper auf.

Sofort verspüre ich den fließenden Energiestrom, der mich von oben nach unten durchflutet. Mir wird heiß, aber nicht im Körper oder den Adern selbst, sondern in den vielen Energiebahnen, die sich nahe der Oberfläche befinden. Als ob die Zellen mit Licht und Energie gefüllt und die Meridiane gesäubert würden. Gleich darauf meine ich, den Geruch von Rauch wahrzunehmen, der sich immer mehr verstärkt. Im Körper scheint sich eine Reinigung zu vollziehen, die man sogar riechen kann. Die Organe sind jetzt zu fühlen, in einer ganz feinen Schwingung und immer wieder gibt es Stellen, die kurz schmerzen, als ob sich eine Blockade löst, wie elektrische Energie, die sich neue Wege sucht.

Der Raum, in dem ich mich befinde, ist dunkel. Eigenartigerweise ist das zuvor waagrechte Bett nun in einer senkrechten Position, als wäre es irgendwo aufgehängt. Strahlen, die scheinbar von den ausgelegten Kristallen ausgehen, hüllen mich ein und die sich daraus ergebende Form ist wieder die eines Kristalls. Auf der Behandlungsliege schafft Ruth ein elektromagnetisches Feld mithilfe der Kristalle und ihren Handbewegungen und gleichzeitig wird im feinstofflichen Bereich ähnliches getan. Der bläulich schimmernde Körper ist inmitten eines feinen Gitternetzes in erkennbarer Kristallform. Die färbige Energie bewegt sich rasch wechselnd durch diese

Verbindungen und ergibt in dem dunklen Raum ein wunderschönes Farbenspiel. Die Energie läuft einfach mit hoher Geschwindigkeit durch den Körper und man kann dieses Kribbeln und Vibrieren sogar richtig spüren.

Jeder benötigt seine eigene Kristallform, diese bildet das ihm eigene Muster und durch die verschiedene Strahlung wird jedes Mal ein ganz spezielles Muster erzeugt, das die benötigte Information präzise weitergibt. Jeder besitzt seine eigene Kristallinformation, die von der Seele von Inkarnation zu Inkarnation weiter getragen wird.

Der zuvor immer noch wahrnehmbare Rauchgeruch ist langsam weniger geworden bis zu dem Moment, wo ich innerlich das Gefühl hatte, etwas würde explodieren und ab diesem Moment verwandelt sich das Licht in dem Raum zu einem unbeschreiblichen rosa lila, das aus sich heraus zu leuchten scheint.

Kristallanhebung (gechannelt)

Du befindest dich in einem dunklen Raum, der wie eine Kristalldruse wirkt. Lauter kleine Zacken widerspiegeln deine Energie.

In der Mitte befindet sich eine runde Plattform. Dein Körper ist auf einem kristallenen Sessel ausgestreckt, der sich während der Behandlung immer mehr aufrichtet und darunter befindet sich, eine große nicht durchscheinende, weiße Kristallspitze. Sie scheint aufgeladen zu sein, denn sie schickt dir in regelmäßigen Schwingungen von unten eine Energie durch den Körper.

Dein feinstofflicher Körper wirkt wie ein Filter und erst durch die ständige Energieerhöhung erreichen die Schwingungen auch die oberen Bereiche.

Nun beginnen die Zellen die hohe Schwingung anzunehmen und sie auch wieder nach außen abzugeben, dadurch gelangen die Strahlen zu den Kristallspitzen an den Wänden und werden tausendfach zurückgeworfen. Du liegst wie in einem energetischen Nadelkissen, jede Energie die durch deinen Körper kommt wird reflektiert und wieder an deine Zellen zurückgesandt. Es leuchten Millionen kleiner Punkte auf. Gleichzeitig beginnt sich diese Plattform zu drehen, immer schneller und schneller, die Punkte bilden jetzt optisch selbst eine wunderschöne Form, die Energie strömt in und durch deinen Körper und alle Zellen bewegen sich, schütteln sich frei von alten Schlacken und dein ganzer Körper scheint sich auf ein höheres Niveau zu transformieren. Es scheint, als ob du dich immer mehr ausweitest, immer größer wirst. Die Dichte scheint immer geringer zu werden und der Körper erscheint immer feiner und durchsichtiger. Zuerst ist er kompakt und als Form erkennbar, jedoch bei jeder Drehung bei jedem Pulsieren wird er verschwommener und weiter. Die Moleküle picken auf der Erde dicht zusammen, durch den Druck und die Schwere, jetzt werden sie auseinander gezogen, in den optimalen Zustand gebracht, um jede Veränderung zu ermöglichen.

Durch die Geschwindigkeit und die Drehbewegung werden wie bei einer Zentrifuge alle Ablagerungen und Behaftungen entfernt, selbst die kranken Zellen werden von der Energie mitgerissen und passen sich der Geschwindigkeit an. Somit kann auch ein Rückfall in die alte Energie verhindert werden, da der neue Schwingungsbereich in allen Ebenen sichergestellt wird.

Das ist auch der Grund, warum dieser Behandlungsschritt Zeit benötigt, um zu wirken. Der physische Körper muss diese neue Schwingung aufnehmen und sie angleichen, um weiterhin funktionieren zu können. Schritt für Schritt werden die Schlacken zwischen den Zellen gelöst und entfernt, um so den Körper dem Zustand der vollkommenen Lichtwerdung immer näher und näher zu bringen. Zuviel wäre ungesund und hätte körperliche Reaktionen zur Folge.

Kristallanhebung (gechannelt)

Die Räume bei der Anhebung scheinen immer größer zu werden, aber eigentlich ändert sich nur die Dimension. Der Geist erschafft den Raum und bei jeder fortschreitenden Behandlung weitet sich dein Bewusstsein mehr aus und schafft einen größeren Raum, der sich über die Grenzen der Raumstation hinaus ausbreitet (daher auch die etwas ausgegrenzte Lage an der oberen, äußeren Wand). Der pyramidenförmige Raum passt sich einfach an und weitet sich mehr und mehr aus. Am Ende bist du alles. Du bist das Universum. DU BIST SEIN.

Jetzt befindest du dich bereits in einem fortgeschrittenen Stadium.

Du stehst auf der Plattform mit waagrecht ausgestreckten, nach oben gerichteten Armen. Der Kristallsessel hat die Form einer aufrechten Fläche, die zur ausgewogenen Energieverteilung dient. In dieser Position wird der Hauptanteil der Energie durch dein Scheitelchakra in deinen Körper gebracht. Zu Beginn, wenn du dich noch in der Liegeposition befindest, verläuft der Hauptanteil durch deine Chakren, die so ihre höchste Drehungsgeschwindigkeit erlangen. Zusätzlich dient die Drehung deines gesamten Körpers zur Entfernung allen Restmülls, durch die entstehende Zentrifugalkraft, die gleichzeitig durch die Spitze der Pyramide abgesaugt und zu Urlicht verwandelt wird.

Die Energie startet im Wurzelchakra und setzt sich, immer höher steigend, vorne beginnend und hinten austretend, durch alle 12 Körperchakren fort. Ist hier alles gereinigt und das vereinigte Chakra hergestellt, wird der Körper jedes Mal aufrechter positioniert, bis er endgültig zum Stehen kommt.

Jetzt wirst du Kanal. Das Licht wird dir durch das Scheitelchakra in den Körper gefüllt, die nach oben gerichteten Handflächen nehmen ebenfalls einen Anteil der zur Verfügung stehenden Energie auf und die nun beginnende sehr schnelle Drehung verwandelt dich zu einer Raumfigur, die einem Kristall, besser einem geschliffenen Diamanten, sehr ähnlich wird.

Je offener der Kanal, desto mehr Energie fließt, desto flexibler werden die Zellen und Moleküle mit dem Ziel des Materialisierens des Körpers an den gewünschten Stellen und Orten. Dies ist nicht unbedingt für dieses Leben vorgesehen, jedoch muss die vorhandene Substanz trainiert werden, als wolltest du einen Marathon laufen, auch das benötigt einen gewissen Zeitraum an Training.

Du als die hier zu sehende Lichtsäule bist verbunden mit der Tiefe der Erde als auch mit den Höhen des Universums. Göttliches Licht hat die Möglichkeit, ungehindert durch Dich zu fließen und nach deiner Rückkehr in den irdischen Körper seinen Weg zu unzähligen Menschen zu finden.

Dies ist die Lichtarbeit, die Ihr wünscht zu leisten. Jeder weitere Schritt auf Eurer Erde wird in Hinkunft von den von Euch hinterlassenen Strahlen begleitet sein und ihr wandelt auf der Erde, um dieses Licht zu verbreiten. Mit der Zeit kann sich ein für uns wunderschön anzusehendes Netz bilden, das den ganzen Planeten umfängt und diesen auch bei seinem Aufstieg unterstützt. Daher seht Eure Aufgabe, egal ob bewusst und aktiv als auch unbewusst, in der Weitergabe dieses Lichtes.

Jeder, der sich zu dieser arcturianischen Lichtbehandlung entschließt, leistet einen großen Beitrag zur eigenen Gesundung und Lichtwerdung als auch zu der seiner Mitbrüder und Mitschwestern und auch Eurer Mutter Erde.

Erlebnisse und Erfahrungen

.... für alle, die noch Lust auf mehr persönliche Eindrücke und Bilder haben:

August 2005

Ich spüre immer wieder viel Bewegung und Farbe, besonders ist diesmal diese absolute Schwere, die sich in meinem Körper und weit darüber hinaus verbreitet. Es fühlt sich an als wäre ich ein Granit, der immer tiefer und tiefer sinkt, ohne Möglichkeit loszukommen. Vollkommene Bewegungslosigkeit, riesengroß und bleiern.

Nachfrage der Therapeutin ergab: es dient zur Magnetisierung und Erdung. Auch ein Zeichen, dass aktiv gearbeitet wird.

September 2005

Es scheint an meiner Kundalini gearbeitet zu werden, etwas beginnt in meiner Wirbelsäule hinauf zu fließen, Wärmegefühl und Kribbeln in meinen Handflächen und besonders im Solarplexus. Erkenne eine Art Trichter über dem Solarplexus und eine Spirale arbeitet sich auf dem Weg zur Mitte vor. Es lösen sich Farben, grün für Neid, Hass und Eifersucht, gelb für die Bitterkeit usw. Danach bildet sich daraus ein Regenbogen der den ganzen Körper umhüllt. Es ist ein sehr angenehmes entspannendes Gefühl von Heilung.

Oktober 2005

Implantate entfernen:

Stich, tief in der Nase und plötzliches, unkontrolliertes Verziehen des Gesichtes, das einige Zeit anhält.

Am nächsten Tag geht ein Blutpfropfen aus meiner Nase ab.

Oktober 2005

Entfernung alter Erinnerungen.

Werde wie mit einer Scheibe durchgesiebt, mein Körper wird immer kälter. Frage nach. Antwort: Dein Blut wird jetzt gereinigt. Es werden Allergene genauso wie gespeicherte, nicht mehr dienliche Erinnerungen entfernt.

Mir ist eiskalt. Außerdem habe ich das Gefühl, dass in meinem Kopf gearbeitet wird. Alles scheint sich zu verbinden und weit zu werden.

November 2005

Bei meiner ersten Emotionalkörperbehandlung hatte ich das Gefühl, als würde mir eine 20 cm Schicht außerhalb des physischen Körpers abgezogen.

Dabei erschienen mir Bilder von Scheiterhaufen, Verbrennungen, Anklägern, Pfarrern, Hexen, Kindern und Kriegen. Es waren nur ganz kurze Bilder, die einfach im Kopf aufblitzten und danach über die Füße abzogen. Ich hatte das Gefühl, immer leichter und leichter zu werden. Gleich in der folgenden Nacht hatte ich einen ganz klaren

Traum, der mir einige der gesehenen Bilder wie in einem Film zusammenfasste.

Am nächsten Tag fühlte ich starke Schmerzen in den Schultern, die sich langsam über das Rückgrat hinunterzogen, um dann langsam zu verschwinden.

Nachfrage bei den Arcturianern ergab, dass es die alten Leben wären, die durch die Behandlung aufgelöst werden und so aus dem Körper wie abgezogen, herausgelöst werden.

November 2005

Erste Mentalkörperbehandlung

Sofort nachdem ich die Augen geschlossen hatte, begann die Information zu fließen.

Gedanken sollten wie gleichmäßige Wellen sein, jeder kann sich dabei einklinken und mitgehen. Oben – Unten, Frage - Antwort, Ja – Nein.

Aber alle unsere Gedanken stellen sich meist in Form von Pfeilen dar, die wir jederzeit bereit haben, um sie auf den Anderen abzuschießen mit dem Ziel, erfolgreich und siegreich zu sein. Unserem Gesprächspartner wird so aber kaum eine Chance gegeben, zu wählen, oder den Gedanken zu begleiten.

Darüber hinaus ist es uns sehr wichtig, möglichst viele dieser Pfeile zur Verfügung zu haben, also wir magazinieren sie richtig auf. (Wissen ist Macht!) Daher auch der Stress, in allen Dingen perfekt zu sein und möglichst über viel Bescheid zu wissen, ansonsten würden die Pfeile zu schnell verbraucht sein und bei einem leeren Magazin fühlen wir uns schwach, klein und minderwertig. (Je höher das Ansehen, je höher die Position, desto wichtiger die Anzahl der angesammelten Pfeile).

Im Vergleich dazu die Gedankenwelle. Hier könnten wir alles, das uns in den Sinn kommt oder inspiriert, aus der Tiefe unseres Bewusstseins holen und weitergeben, ohne selbst jemals das Gefühl der Minderwertigkeit zu haben, denn wir müssen uns nicht profilieren, sondern teilen uns mit, um durch den Dialog Erfahrungen auszutauschen und zu sammeln.

So wäre auch ein friedliches Zusammenleben gesichert, da völlig wertfrei miteinander umgegangen würde und die Konflikte nicht auftreten würden.

Februar 2006

Akupunktur

Normalerweise war dies nicht meine Lieblingsbehandlung, ich fühlte mich dabei selten entspannt, war unruhig und kribbelig.

Doch dieses Mal verspüre ich sofort zu Beginn einen starken Druck auf meiner rechten Stirnseite, der in die Mitte zu meinem dritten Auge wandert und sich kurz darauf explosionsartig über meinem Scheitelchakra entlädt. Irgendwie nehme ich stehende Wellen zwischen meiner linken und rechten Gehirnhälfte wahr.

Ich frage geistig nach, was hier vor sich geht und plötzlich blitzt als Antwort das Bild eines Menschen auf, der ein Buch in der Hand hält und mir mitteilt, dass er es zu mir bringen muss. Ich verstehe gar nichts. Zerbreche mir aber den Kopf darüber, wie das denn funktionieren soll. Er dort – ich da, da liegen Welten dazwischen. Als Antwort kommt: „Es reicht die Vorstellung" und schon hat es die andere Person in der Hand.

Ich bin nun ausreichend damit beschäftigt, mich mit dem Wort erhalten auseinanderzusetzen. Wie funktioniert das in den anderen Welten(oder gilt das auch für uns hier auf der Erde?).

Anschließend bekomme ich noch ganz heiße Hände und auch Informationen über das Bewegen in Zeit und Raum. Leider schafft es dieser Teil nicht bis in mein Tagesbewusstsein, denn nach der Behandlung ist es wie bei vielen Träumen, man weiß, dass man geträumt hat, aber der Inhalt bleibt nur im Unterbewusstsein gespeichert.

Fast genau ein Jahr später kommt zum ersten Mal die Idee, (der gesehene Auftrag?) dieses Buch zu schreiben. Und erst jetzt beim Durcharbeiten meiner schriftlichen Aufzeichnungen wird mir dieses Erlebnis wieder in Erinnerung gerufen.

März 2006

Emotionalkörper

Von der Raumstation werde ich auf Arcturus gebracht und befinde mich kurz darauf in einem Raum, der dazu dient, verschiedene Leben in Form von Filmen anzusehen. Man bekommt nicht nur die Bilder, sondern wird gleichzeitig mit den Gefühlen konfrontiert, es besteht auch die Möglichkeit, vermeintliche Fehlentscheidungen zu betrachten und verschiedenste Lösungen zu erarbeiten, die dann ebenfalls im Film präsentiert werden. Zu den Bildern passend treten Schmerzen in unterschiedlichen Körperbereichen auf und gleich dazu die Erklärung. Zum Beispiel: Hüfte – das beharrliche Durchsetzen von Dingen (wie aufstampfen), der Schulterschmerz - auf etwas ohne nachzudenken einzuschlagen (Bild eines Kreuzritters), Beine – die Fortbewegung stoppen! Zu schnelles Vorwärtsgehen ohne Rücksichtnahme auf die eigentliche Aufgabe.

Mai 2006

Ich bin auf Arcturus und befinde mich in einer weißen Bergkristalldruse.

Die gibt es hier einfach in der Erde so groß, dass man sie auch betreten kann. Sie befinden sich in einer Art Freizeitpark mit Palmen und Wasserfällen und anderen wunderschönen Plätzen. Diese vielen Kristallplätze werden von den Arcturianern in ihrer Freizeit und zur Erholung aufgesucht. Sie gehen zu einem Platz ihrer Wahl, der immer ganz ruhig und einsam ist, nie treffen sie hier auf Andere, schwimmen im kristallklaren Wasser unter den Wasserfällen und anschließend gehen sie in die Kristalldruse hinein.

Das Licht in der Höhle ist kaum zu beschreiben, es ist vergleichbar mit dem Licht das entsteht, wenn die bereits untergegangene Sonne noch von hoch am Himmel stehenden Wolken reflektiert wird. Es ist kein direktes Licht, aber trotzdem strahlt es unglaublich schön.

Die Kristalle sind wie Generatoren, die ständig dieses feine Licht produzieren und abgeben, wir würden die Wirkungsweise dieser Druse als Jungbrunnen bezeichnen, alles an und im Körper wird gereinigt und geheilt. Ich habe auch Farben gesehen, die sehr schwer zu beschreiben sind, zum Beispiel ein lilarosa das wirkte, als würde es aus sich heraus leuchten (ähnlich wie die Farbe weiß bei Bestrahlung mit ultraviolettem Licht), all diese Farben haben eine sehr intensive Lichtqualität.

Sobald man durch den Eingang dieser *Lichtkammer* kommt, wird man sehr fein schwingend gemacht und danach kommt man erst in diese Druse. Das Körpergefühl, das man erlangt, ist außergewöhnlich. Es ist ein Prickeln, das den ganzen physischen Körper durch zieht und immer feiner und feiner wird.

Oktober 2006

Es ist ein Widerstand gegen das Gefühl Harmonie zu verspüren. Viele kleine Widerstände scheinen nun zu kämpfen. Dieses Vibrieren steigert sich immer mehr, bis es plötzlich ruckartig zu Ende ist (wie das Knallen eines Sektkorkens) und alles völlig weich wird. Das Herz wird warm und da befinde ich mich schon auf einer wunderschönen Wiese, umrahmt von tropischen Bäumen und einem Wasserfall. Ich bekomme die Anweisung, mich hier jetzt vollkommen zu entspannen und in Harmonie zu sein. Man demonstriert mir, wie es sich anfühlt in den Widerstand zu gehen, indem sie mir das Bild einer Welle präsentieren, die aufgehalten, gestaut wird. Man muss den Druck immer mehr erhöhen, um dagegenzuhalten. Lässt man jetzt los, werden einen die Wassermassen (Gefühle) überrollen und jegliche Harmonie zerstören, nur mit viel Mühe könnte man jetzt die frühere Ordnung wiederherstellen.

Vollkommen anders stellt sich das Bild dar, wenn alle Schleusen (wie etwa das Herz) ständig weit geöffnet sind, es fließt und nichts versperrt den Weg, es schwingt alles im selben Rhythmus und Turbulenzen, die die Harmonie stören könnten, entstehen erst gar nicht.

Nehmen wir das Beispiel von Vogelgezwitscher, es ist ständig vorhanden, du verstehst es nicht, aber trotzdem geht es durch deine Ohren, berührt deine Sinne, aber da kein Widerstand vorhanden ist, gibt es die Informationen ab und verlässt wieder dein Bewusstsein. Völlig wertfrei hast du es aufgenommen und empfangen. Versuche das gleiche mit den Stimmen der Menschen, achte auf ihre Worte, aber lasse sie immer nur durch dich durchgehen, ohne den Filter der Bewertung zu verwenden. Wenn dein Herz offen und im Einklang mit dir ist, wirst du deine Schwingung der Harmonie erhalten können, denn dann bist du in deiner Mitte.

Hast du noch alte Blockaden in Form dieser kleinen schwarzen Punkte, der Steinchen in dir, kann das Wasser nicht ungehindert strömen, du reagierst, bewertest, kommst aus dem Fluss deiner Mitte und staust Gefühle, musst wieder reagieren usw.

Schenkst du einmal diesen schwarzen kleinen Hindernissen deine Beachtung und nimmst quasi die

Steine einzeln aus dem Wasser heraus, werden die Blockaden entfernt und das Wasser kann ungehindert fließen. Je mehr Steinchen du aktiv entfernst, desto schneller wird die Fließgeschwindigkeit, kleinere Steinchen halten dem nicht stand und werden automatisch mitgenommen und abgebaut. Wie bei spiritueller Arbeit. Der Beginn fällt schwer, die Angst den Dingen ein Gesicht zu geben ist zu groß, aber schreitet der Prozess fort, wird es immer leichter sein, die Lichtwerdung zu beschleunigen.

Mai 2007

Das letztendliche Ziel, die Zukunftsvision ist, den Körper so hoch schwingend zu machen, dass die Auflösung und Wiederzusammensetzung der körpereigenen Moleküle kein Hindernis mehr darstellt. Er wird so fein, dass er einfach verschiebbar wird. Wir wollen ihn ja behalten, aber befreit von allen Ablagerungen zwischen den Zellen bekommt er wunderbare Fähigkeiten. Man kann die Moleküle nach Wunsch anordnen, um zu erschaffen und zu verändern, Krankheiten können sich nicht mehr festsetzen. Der Kleister hat sich gebildet, weil wir es so wollten, das ist die Dualität, die Schwere der Materie, das ist die Erfahrung und die Wertung und das hat uns zu der Starrheit geführt, die uns am Weiterkommen behindert. Man wird krank und durch die Unbeweglichkeit manifestiert sich jeder Gedanke und setzt sich scheinbar unwiderruflich fest.

Nun beginnt für viele ein zäher Rückarbeitungsprozess. Dieser scheint schwer, tut oft weh, denn man beginnt wieder zu spüren. Doch auch das Spüren verwandelt sich mit der Zeit in Fühlen, man lernt mitzuschwingen und im Fluss zu sein. Die Resonanz in einem sauberen Körper bekommt eine völlig andere Qualität. Sie ist einfach. Es ist ein Mitschwingen, Mitfühlen, Mitgehen, das keine Wertigkeit mehr enthält, da es ja nichts mehr auslöst.

Juni 2007

Ich bin an einem Ort in der Raumstation, wo mit Pflanzen und Tieren des Planeten Erde gearbeitet wird. Nachdem diese genauso Gruppenseelen und Karma haben, unterscheidet sich die Arbeit kaum von der, die für die Menschen geleistet wird. Alle gehören dem gleichen Lebensraum an und sind am Aufstieg ihrer Spezies und am Aufstieg der Erde beteiligt.

Es bedeutet nicht, dass da oben jetzt Meerschweinchen sitzen, sondern es wird mit der Gruppenseele und dem Überbewusstsein dieser Tiere oder Pflanzen gearbeitet (Es gibt auch einen Bereich für Steine!). Es werden unter anderem auch Veränderungen vorgenommen, um ihnen die Anpassung an veränderte Lebensbedingungen und Energieverhältnisse zu ermöglichen, falls ihre Aufgabe auf der Erde noch nicht erfüllt ist und sie somit ihrem Aufstieg ebenfalls näher zu bringen. Wenn sie ihr Ziel bereits erreicht haben, verschwinden sie für unsere irdischen Augen aus dem gemeinsamen Lebensraum.

Oben auf der Raumstation erscheint jedes Lebewesen der Erde ausschließlich in seinem Geistkörper.

Überraschenderweise ist der eines Meerschweinchens gar nicht so verschieden zu dem eines Menschen.

Er hat zwar eine andere Form und Größe (immer abhängig von der Rasse), da die Energie und Schwingung unterschiedlich ist, aber Kommunikation und Austausch bleibt gleich. Tierseelen zeichnen sich durch eine absolute Liebe und Freude an ihrer Aufgabe aus. Der gewählte Körper beschränkt sie in ihren Handlungen, aber die Entwicklung ihrer Intelligenz ist sehr hoch.

Sieht man den Geistkörper eines Tieres, erscheint er wesentlich stärker von Energie erfüllt. Er vibriert und sendet ständig Farben aus. Im Gegensatz zu dem der Pflanzen, der erscheint fransig, ohne zusammenhängende Oberfläche, sehr fein, zart und auch ruhig und harmonisch.

Es gibt keine Vermischungen der vier bekannten Bereiche auf der Raumstation, aber trotzdem kommt es bei einzelnen Tieren zu sehr engen freiwilligen Kontakten und Berührungspunkten mit Menschen.

Danksagung

Um ein solches Buch entstehen zu lassen, bedarf es vieler Helfer. Speziell in meinem Fall - ich hatte nie vor, ein Buch zu schreiben - war zunächst einiges an Überzeugungsarbeit von ihnen gefordert. Ich möchte sie hier kurz und mit speziellem Dank erwähnen:

Ruth Panrok, die seit einigen Jahren in den arcturianischen Lichttechniken von Lord Arcturus und den Arcturianern unterrichtet wurde und mir durch ihre Arbeit diese besonderen Reisen ermöglichte, war Ohrenzeuge meiner Erlebnisse. Ihr entsprang die Idee, diese Erfahrungen einer breiteren Masse zugänglich zu machen. Dies besonders im Hinblick darauf, allen, die bei ihren eigenen Behandlungen nicht miterleben und mitschauen können, einen Einblick in Arbeits- und Wirkensweise der Arcturianer zu ermöglichen. Sie stellte auch ihr Wissen und ihre Erfahrungen für den praktischen Teil zur Verfügung. Dadurch ermöglichte sie die Entstehung dieses Buches.

Meine Freundin Annemarie Loderer, die durch ihr lichtvolles Zentrum in Baden bei Wien Kontakte zu Menschen auf dem Lichtweg schafft und somit die Verbindungen und Netzwerke zur Verfügung stellt, die nötig sind, um den eigenen Weg zu finden.

Sie gab mir das Vertrauen, die Bilder die ich sehen konnte, zu schätzen, und in weiterer Folge auch niederzuschreiben.

Klaus Hochkogler, der schon unzählige Bilder von Arcturus gemalt hat, stellte eines für das Titelbild zur Verfügung, und gestaltete zusätzlich auch die Skizzen in diesem Buch.

Die geistige Welt versorgte mich mit diesen Bildern und Erlebnissen, die so vielfältig und besonders waren, dass ich nach jeder arcturianischen Behandlung nahezu übersprudelte. Lord Arcturus begleitete mich mit seinen Worten durch die Channelings und den Text des Buches. Ich, der Kanal, durfte dabei lernen, mich mit Disziplin und Ausdauer sowie der Überwindung aller Selbstzweifel, zur Verfügung zu stellen.

Mein besonderer Dank gilt auch Ina, Paul und Lukas, die die schwierige Aufgabe übernahmen, mein Manuskript abschließend auf Korrektur zu lesen und in Buchform zu bringen, und last but not least geht mein Dank an meinen Mann Wolfgang, der während der Zeit des Schreibens immer für die Kinder da war und mir somit die Zeit verschaffte, dieses Buch entstehen zu lassen.

Ohne eure Unterstützung und Hilfe wäre dieses Buch wohl nie entstanden.

DANKE!

Web-Links und Mail-Adressen

Ruth Panrok

Arcturianische Lichtbehandlungen und Ausbildungen

Web: http://www.arcturus.cc

Mail: office@arcturus.cc

Annemarie Loderer

Seminarzentrum Platz an der Sonne
A-2500 Baden bei Wien

Web: http://www.platz-an-der-sonne.cc

Mail: a.loderer@aon.at

Klaus Hochkogler

Bilder und Skizzen von Arcturus!

Web: http://www.ictm.at

Mail: k.hochkogler@ictm.at

AARRR – Österreichischer Verband für

Reinkarnationsforschung und Rückführungen

Web: http://www.rueckfuehrungsverband.at

Mail: office@rueckfuehrungsverband.at

Autorenbeschreibung

Silvia Widmann, geb. 1962 in Wien, war nach der Matura viele Jahre Flugbegleiterin, bereiste die ganze Welt und lernte somit Menschen in ihrer Vielfalt und Verschiedenartigkeit kennen.

Danach kam die Zeit der Mutterschaft und Familie und eine intensive Beschäftigung mit dem Thema "Indigokinder", da sie selbst drei zur Welt brachte.

Seit ihrer Kindheit hatte sie natürlichen Kontakt zu Schutzengeln und Geistwesen, die immer zu ihr sprachen und war lange in dem Glauben, dass das bei jedem Menschen so sei, bis sie merkte, dass ihre Umgebung damit nichts anfangen konnte.

Es lag in der Natur der Sache, dass sie sich schon sehr früh mit Esoterik beschäftigte und sich großes Wissen aneignete.

Seit dem Jahre 2002 befasst sie sich intensiv mit Rückführungen sowie mit Reinigungen von Fremdenergien. Sie gründete mit einigen anderen Rückführungsleitern den Verein AARRR, dem sie als Präsidentin vorsteht.

Nach Erlernen der automatischen Schrift entdeckte sie wieder und intensiver ihren Kontakt zu ihren geistigen Freunden und ihre Fähigkeit als Channel-Medium.

Ab dem Zeitpunkt ihrer Lichtbehandlungen durch die Arcturianer bekam sie, auf Grund ihrer medialen

Fähigkeiten, Informationen, die in den darauf folgenden zwei Jahren immer klarer und umfangreicher wurden.

Dieses Buch fasst die Erlebnisse zusammen. Die dabei aufkommenden Gefühle werden genau beschrieben. Ein Praxisteil - erweitert mit Erfahrungen und Erklärungen von Ruth Panrok - vervollständigt dieses Buch.